쪽항아리

쪽항아리

김희숙 수필집

수필과비평사

| 책머리에 |

  처음에 수필은 곁방 놓는 일이었다. 번듯하진 않지만 모양 정도는 갖추어진 방일 것이라 가볍게 여겼다. 크기도 넓이도 모른 채 소매부터 겁 없이 걷어 올렸다. 어떤 자재를 써야 하는지도 몰랐다. 무모한 도전이었고 결코 곁방이 될 수 없다는 것을 깨닫는 데는 시간이 오래 걸리지 않았다. 감히 범접할 수 없는 높고 큰 집을 짓는 일이어서 신출내기 인부는 이내 공사 중단 위기에 처했다.

  운이 좋아서인지 수필 스승과 인연이 닿았고 그제야 앞으로 조금씩 나아갈 수 있었다. 한 삽 한 삽 단단히 굳은 땅을 파는 동안 삽 끝에 걸리는 굵은 돌멩이는 무릎 구부려 들어내었다. 웅덩이의 질퍽한 물길도 마른 모래로 메우며 흙과 땀을 섞어 터를 고르는 중이다. 지붕을 올리기는커녕 기둥 세우기까지도 길은 멀고 아득해 보인다.

  이제 겨우 주춧돌 하나 놓는다. 그것도 네모반듯하게 찍어낸 콘크리트 기초석은 아니다. 둥글납작하게 못생긴 돌덩이지만 작은 방 정도를 내는데 초석은 되려나 싶어 조심스럽게 얹어 본다. 홀로 들어서는 공간을 넘어서 다른 이들도 머무를 수 있도록 더욱 노력해보리라.

2022년 봄
김희숙

| 차례 |

책머리에 · 5

제1부
풀치의 꿈

풀치의 꿈 · 12
쪽항아리 · 17
조새 · 23
붉은 땀 · 29
감태와 매생이 · 35
물의 집 · 40
도시의 스파이크 · 45
꽃의 시간 · 50
또와상회 · 55
맛, 맛, 맛 · 60

제2부
다리를 세우다

헛담 · 66
뿌리, 피다 · 72
몸의 언어 · 77
정상입니다 · 83
쇠꽃 · 89
다리를 세우다 · 94
소리자루 · 100
천지, 열리다 · 105
탈을 쓰다 · 110
이렇게 어려워서야 · 115

제3부
바람이 바뀔 때

시룻번 · 120

바람이 바뀔 때 · 126

정신은 어디에 팔렸을까 · 132

물푸레나무를 만나다 · 137

누운 석인 · 142

진짜 폼이 나야 한다 · 147

사람이 산다 · 152

그대로의 모습으로 · 157

산속 등대 · 163

사주를 세우다 · 168

제4부
시간을 접다

춘향을 만나다 · 174

꽃의 힘 · 180

시간을 접다 · 185

덮는 꽃 · 190

그를 모른다 · 196

공달이와 순금이 · 202

한시랑뜰 · 208

뜬다리 · 213

페이머니 · 218

독도 하모니 · 222

| 작품해설 | 존재에 대한 치열성 그리고 자기갱신 – 김정화 · 227

제1부
풀치의 꿈

풀치의 꿈
쪽항아리
조새
붉은 땀
감태와 매생이
물의 집
도시의 스파이크
꽃의 시간
또와상회
맛, 맛, 맛

풀치의 꿈

하늘과 바다의 경계가 없다. 온 세계가 흑단색이다. 집어등 빛이 검은 비단에 수를 놓듯 물 위에 떠 일렁인다. 그 빛이 적군을 항구 밖으로 유인하듯 바다 생물들을 꾀어낸다. 먹이를 쫓는 풀치의 몸짓이 예리한 칼날처럼 날카로운 선을 그리며 물을 가른다. 뼈대를 꼿꼿이 세운 풀치 떼가 밤배의 불빛 따라 육지로 나갈 다리를 얻고 싶은 꿈을 꾸는 것 같다. 그 꿈은 천상의 별처럼 멀고 아득하다. 대열에서 떨어진 풀치의 유영은 세상을 배회하는 낙오자들을 생각나게 한다.

바닷속으로 낚싯줄을 내린다. 밤바다는 거대한 비밀을 감추고 숨을 죽인다. 가끔 초릿대가 흔들린다. 줄을 잡으면 꿈을 이룰 수 있을지 망설이는 것처럼 먹이만 똑똑 떼어가며 신경전을 벌인다. 갑자기 야광찌가 바다로 쑥 끌려 들어간다. 먹이의 강한 유혹을 떨치지 못한 걸까, 덜컥 바늘을 물었다. 미역 잎 사이로 숨고 바위틈으로 바장거리던 풀치들이 줄을 타고 하나둘 올라온다. 지느러미가 깃발 펄럭이듯 허공에서 너울댄다. 굽이치는 풀치의 모습이 은빛 살의 부채춤이라도 추는 것 같다. 화르륵, 하늘을 나는가 싶더니 이내 자신의 목을 조이는 뜨거운 손을 느끼고서야 이빨을 세워 전투 자세로 반항해 보지만 녀석은 이미 독 안에 든 쥐다. 후회와 원망 가득한 풀치 눈동자에 붉은 기가 차오른다. 순간, 한 사람의 눈빛이 겹쳐진다.

동네에서 한량이라 불리던 김 씨가 있었다. 그는 오랫동안 낚시를 낙으로 삼았다. 날씨 좋은 날이면 논밭 일이며 집안 살림은 처에게 맡겨 두고 낡은 자전거를 타고 나갔다. 자전거 뒷자리에 민물 낚싯대 두 개를 싣고 가까운 저수지를 찾아다녔다. 그러나 물고기를 잡아 온 날이 별로 없었다. 겨우 서너 마리 붕어를 내어놓거나 그마저도 아예 없는 날이 더 많았다. 그는 빈 낚싯대를 드리우고 물가에 앉아 무엇을 생각했을까.

김 씨는 영민하다는 소리를 듣고 자랐다. 상급학교 교육은 받지 못했지만 서당을 다니며 한학까지 익혔다. 책장에는 무정, 상록수, 삼국지 등 세로 글로 인쇄된 소설류들도 있었다. 그의 딸은 책들을 몰래 읽으며 가끔 아버지에게도 어떤 포부나 꿈이라는 것이 있지 않을까 어렴풋이 떠올렸을 뿐이다. 스피커 볼륨을 한껏 키워 동네를 들썩이게 하던 날에는 김 씨의 기분이 제법 맑고 명랑해 보였다. 그런 날에는 한 집안의 가장으로서 책임감 강한 남자처럼 행동했고 꿈꾸는 소년처럼 앞날에 대한 기대를 내비치기도 했다.

김 씨가 자랄 때, 교육은 맏이에게 집중되었다. 장남이 잘 되어야 집안이 일어난다는 그의 아버지 의중이었다. 또 형제 중 누군가는 부모를 모시며 농사를 지어야 했기에 막내인 김 씨에게 그 짐이 지워졌다. 공부할 기회를 놓치고 대처로 나갈 수조차 없게 되자 절망하였고 삶에 뜻을 두지 않은 채 이방인처럼 겉돌았다. 술에 취하지 않은 날이 드물었다. 가슴에 맺힌 응어리는 결혼 후 애꿎은 아내와 자식들에게 쏟아졌다. 부모를 향해 맹렬히 끓어오르던 화를 가정폭력으로 풀었다. 집안에서 식솔이 자신을 막고 있는 벽이라도 되는 양 무자비하게 주먹을 휘둘렀다. 젊은 아내는 시들어갔고 어린 자식들은 멍들었으나 주위 사람들은 무심했다.

그의 딸은 아버지에 대한 미움과 증오심으로 진저리가 나서 한 인간으로서 이해해야 한다는 생각조차 아예 못했다. 십 년 동안 갈고리 없는 낚시를 하던 강태공처럼 김 씨도 때가 오기를 기다렸는지, 혹은 깊은 물 속에 잠겨있는 물고기처럼 앞이 보이지 않는 희망을 저수지에 풀어놓고 있었는지 아버지의 심사에는 관심을 가질 겨를이 없었다.

 풀치 눈동자와 마주한다. 김 씨도 한때는 꿈을 품었으나 현실에 막혀 모든 것을 체념할 수밖에 없었던 시대의 피해자이진 않았을까. 풀치가 육지에 닿는 꿈을 꾸듯이 김 씨도 낚싯대를 드리우고 수렁 같은 현실을 박차고 나오는 꿈을 꾸고 있진 않았는지. 아이스박스 안으로 내던져진 풀치가 마지막 생존의 몸부림을 치다 포기하듯이 그의 삶 또한 현실을 부정하지도, 받아들이지도 못한 채 사그라져간 것은 아닌지 애잔한 마음이 밀려든다.

 풀치의 짧은 꿈처럼 김 씨에게도 꿈꾸는 시간조차 길게 허락되지 않았다. 언젠가부터 붉은 독기 가득했던 눈동자가 온순한 검은 빛으로 변해갔다. 참담한 현실을 맞서기보다 회피를 선택했는지 낚시마저도 넓은 바다로 나가지 않은 채 좁은 저수지만 맴돌았다. 그러던 그가 키워야 할 어린 자식들을 남겨 두고 너무나 이른 생을 마감했다. 병든 마음의 치료도 거부한 채 생명의 불씨를 스스로 소진시켰다. 가족들은 입관하지 않은 채 누워 있는 싸늘한 몸을 흔들며 원망의 말만 목이 아프도록 퍼부었다. 땅 위로 오르고 싶던 풀치의 꿈이 물거품으로 사라졌듯이 세상 밖으로 떠나고자 바라던 김 씨의 꿈도 영원한 미생으로 주저앉았다.

훌쩍 많은 시간이 지나서야 깨닫게 되는 것들이 있다. 책을 읽는다고 내용을 다 이해하지 못하며 사람을 만난다고 그 사람을 제대로 알지 못할 때가 많다. 태어나면서부터 아버지, 어머니로 불리우던 이들의 꿈과 생을 자식 입장에서 어찌 감히 헤아려볼 생각조차 하겠는가. 그러다 그들의 삶이 가슴으로 파고드는 순간이 있다. 풀치의 붉은 눈동자에서 김 씨의 좌절된 삶을 가늠했듯이 살다 보면 문득 어떤 것들이 이해되는 계기가 오기도 한다. 알았더라도 어쩔 수 없는 상황들이긴 해도.

풀치가 지상으로 오르는 꿈이 아닌 대양을 누비는 꿈을 꾸었더라면 건실한 갈치로 성장했을까. 그의 딸은 여전히 아버지라는 한 인간의 생을 온전히 헤아리진 못한다. 그녀 역시 삶의 파도에 이리저리 흔들리며 겨우 버텨내는 중이다. 그녀는 김 씨가 다른 세상에서는 미완의 꿈을 꾸던 풀치를 넘어 단단한 다리로 일어섰으리라 믿어본다. 김 씨의 역사는 멈추었으나 그의 딸은 스스로 걷는 꿈을 향해 오늘도 한 걸음 한 걸음 내딛는다.

쪽항아리

그가 움직인다. 손짓춤에 살결 같은 무명천이 내려서고 조리질에 참깨 올라오듯 누런 진흙물이 일어난다. 토닥거리며 매만지고 빠른 장단으로 휘몰아치니 항아리 안에 울돌목 회오리바람이 인다. 강바닥이 뒤집힌 듯한 너울에 정신이 혼미하다. 토해낸 물거품이 모여 수런거린다. 그가 젖은 천을 치켜들고 훑어 내리자 하늘 한 조각 떼어온 양 푸른 쪽물이 주르륵 쏟아진다.

흙을 빚어 태어났다. 잘록한 목선 타고 흘러내린 허리는 어린아이 두어 명을 거뜬히 품을 정도로 넉넉하고 진한 흑갈색 겉옷엔 빗금 몇 개 그어 멋을 부렸다. 풍만한 맵시는 미스 항아리 대회라도 나섰더라면 등위 안에 당당히 들었을 것이다. 닥치는 대로 녹여버릴 듯 맹렬히 타오르는 불길 속에서 살이 타들어 가는 뜨거움을 견딜 때는 어느 종갓집 볕 드는 마당 가라도 놓이려나 기대했다. 구수한 향내 깊은 간장을 우러내 가문의 장맛을 늠름하게 지켜내겠노라 호기로움도 가졌고, 윤기 흐르는 햅쌀 담아 굳건히 좀벌레 막아내어 세상사에 지친 사람들에게 밥심을 세워주어야지 다짐도 했다. 동기간인 백자는 거실 문갑에서 거만하게 우쭐거리고, 앙증맞은 꿀단지는 조신하게 벽장에 머물고, 덩치 큰 장독이 고방 안쪽에서 어른 노릇할 때도 하릴없는 처지에 간질거리는 풀벌레 벗 삼아 기다림의 시간도 길었다.

  부풀었던 단꿈은 별안간 흙 속에 묻혔다. 어디까지가 위인지 얼마만큼 깊은지 내비칠 수도 없이 땅과 하나가 되었다. 용암을 쏟아낸 분화구마냥 두툼한 입만 허공을 향해 벙그레 벌려둔 채 둥근 가장자리엔 푸르스름한 분칠이 덕지덕지 엉켰다. 집 안에 있는 줄도 모르고 무심한 발자국들만 지나친다. 땅으로 들어온 지 어언 십여 년이다. 흘러간 세월이 가뭇하다.

  천연염색 장인을 만나 쪽항아리라는 이름 하나 얻었다. 간장항아리는 햇살 좋은 봄날에 겨우내 살려낸 메주 띄워 한 해를 시작하고, 소금항아리는 사시사철 입맛 돋울 바다 알갱이를 받아들인다. 오지항아리는 콩이며 들깨를 갈무리하고 김칫독은 차곡차곡 버무려 둔 배추와 무를 익혀 밥상 차림을 돕는다. 장방에 늘어선 항아리들이 떨어지는 빗줄기 장단 삼고 정화수 아래 기도 올릴 때도 마당 가 한켠에 따로 자리했다. 먹을거리를 담아내지 못하니 그들과의 비교는 안중에 두지 않는다. 그저 몽글몽글 쪽꽃 피우는 일에만 열중한다.

그의 쪽 염료인 니람을 품는다. 식성은 좀 유별나서 조개껍질 빻아 콩대 태운 잿가루를 섞어 배를 채운다. 쪽대 우려낸 물을 마시면 혀끝이 알알해온다. 소화시키기에 제격인 걸쭉한 막걸리는 그가 건네는 합환주다. 고무래질까지 해주면 쿰쿰한 트림 내가 사방으로 진동한다. 새파래진 쪽물 위로 햇볕에 그을린 그의 얼굴이 안겨 온다.

그가 쪽풀에서 잎사귀만 뜯어 문지른다. 팔의 솟은 힘줄이 터질 듯 부풀어 오르지만 쉬지 않고 짓이긴다. 땀방울이 비처럼 내리는데도 멈추질 않는다. 초록 물이 데워지기 전에 잽싸게 천을 물들여야 투명한 빛깔을 얻는다. 생 쪽물에서 건져 올린 옥빛이 싱싱하다. 등줄기 타고 기어오르던 더위를 끄집어 내리는 옥색이 갓 잡은 생선회 맛이라면 오랫동안 우려낸 쪽빛은 맛 들이면 또다시 찾게 되는 잘 삭힌 홍어 맛이다.

쪽은 간들바람 재료 삼아 뙤약볕 소를 넣어 버무린 후 긴 시간 공들여 발효시켜야 남색 쪽발을 세운다. 깊이 품은 색을 드러내면 처음엔 쑥빛이 보였다가 씨앗 뿌리내린 땅빛도 잠시 스치고 새순 틔운 봄날 연두도 설핏 내비친다. 어둡게 드리우던 먹구름은 날름 감추고 이슬에 반짝이던 청록 아침을 어렴풋이 그려내더니 마침내 높은 하늘이었다가 깊은 바다색을 펼쳐낸다.

  복닥거리기만 하면 썩는다. 그가 천을 물들일 때 말고는 찾는 이조차 없어도 흙 속을 헤집는 지렁이 집 지붕도 되어주고 어쩌다 날아드는 잠자리에게 바깥소식 들으며 세월을 견딘다. 새끼 품은 어미처럼 지켜야 할 것이 있는 자는 강해야 한다. 찬 겨울에는 어떻게든 한 줌의 온기라도 끌어당겨 얼지 않도록 둘러싸고, 장맛비 거센 물길 따라 흐르려는 흙무지는 힘껏 움켜쥐어 버틴다. 죽은 색을 품었을 때는 그와 함께 보듬고 울었다. 실타래 풀듯 맺혔다 풀렸다 가는 길이다. 편리한 플라스틱 고무통은 결코 품어내지 못하는 색이다. 도도한 빛깔이 까탈이라도 부리면 녹색 문은 쉽게 열리지 않는다. 홀로의 시간을 가라앉혀야 물색이 익는다.

  떠나보내는 것이 숙명이다. 물들지 않은 백색 천을 애지중지 쪽빛으로 단장시킨다. 넘실대던 가슴속이 거북등처럼 굳어간다 한들 다 내어주어도 아깝지 않다. 행여 물빛이 탁해 순순한 결에 얼룩이라도 질까 봐 노심초사다. 세상과 맞닥뜨려 제 빛깔을 내지 못할 때는 그가 몇 번이고 제 자리에서 지켜준다. 돌아보지 않는다 해도 누군가의 옷자락이 되어 근근이 살아가길 바랄 뿐이다.

잊혔던 쪽빛을 되살려내자 찾는 이들이 늘었다. 배우겠다며 들어서고 쪽물 들이기 체험을 위해 줄을 선다. 종종대는 그의 발걸음 따라 쪽물이 너울거린다. 그의 심장이 뛸수록 항아리 안도 덩달아 뜨거워진다. 흙에 묻힌 형편이라 드러나지 않아도 그림자인 삶도 괜찮다. 보이지 않는다고 중요하지 않은 것이 아니다. 알아주는 이 없어도 세상의 모퉁이에서 묵묵히 자신의 일을 해내는 이들이 더 많다는 걸 안다. 쪽물을 껴안아 보살피는 일이면 족하다. 주어진 몫의 생을 누린다.

그가 돌아온다. 손에 쪽빛 천이 들렸다. 두 다리로 감싸 안더니 천천히 어루만진다. 왼손이 부드럽게 내려가고 오른손이 후렴처럼 따른다. 가다듬는 손길에 마음이 씻기고 머릿속이 맑아진다. 출렁거리는 가슴은 쉽사리 진정되지 않는다. 리듬을 타며 온몸을 내맡긴다. 그늘 드리우던 차양 끝은 여전히 살랑거리고 풀잎 부딪치는 소리조차 들리지 않는다. 파랑에 초록이 더해진다. 그의 등 근육이 성난 짐승처럼 우르릉거린다. 마른하늘에 천둥이 번뜩이고 항아리 안으로 걷잡을 수 없는 폭풍우가 몰아친다. 희열의 파열음을 뱉으며 드디어 쪽빛 문이 열린다. 그의 손톱에도 먹구름 같은 검은 물이 든다. 건너편 장독대 항아리들은 한여름 열기를 모르는 척 돌아앉았다.

　다시 하늘이 푸르다. 그가 걸음을 옮길 때마다 빨랫줄에 무명천이 걸리며 빈 하늘이 메워진다. 한들거리는 바지랑대를 쳐다보다 아득한 잠에 빠져든다. 한낮의 긴 꿈을 꾼다.

조새

바위에 부딪힌 파도가 하얀 가루로 부서진다. 육지까지 올라올 것처럼 밀어붙이는가 싶더니 어느샌가 뒷걸음치는 고양이처럼 슬금슬금 꽁무니를 뺀다. 그제야 파도에 몸을 내어주었던 바위들이 바닷물 사이로 하나둘 되살아난다. 해안가 사람들이 오밀조밀 동네를 이루듯 갯바위에도 다닥다닥 갯것들이 모여 산다. 숨어 있던 게들이 슬그미 기어 나오고 엎드렸던 따개비와 굴들은 참았던 긴 숨을 토해낸다.

  추위가 뼛속까지 스며드는데 낡은 가방을 멘 노인이 얼른거린다. 한 손에는 바구니를 들었고 다른 손에는 길쭉한 쇠갈고리를 쥐었다. 이 바위에서 저 돌 위로 겅중거린다. 적당한 자리를 물색했는지 굽은 허리를 더욱 깊숙이 구부린다. 돌돌 말아놓은 거뭇한 보따리 하나 바위에 얹어 놓은 것 같다. 가까이 다가가 보니 손에 들린 것은 조새라고 불리는 도구이다.

  조새는 굴과 짝이다. 낫이며 호미와 삽은 여러 용도로 사용되는데 조새는 오로지 굴을 채취하기 위해 만들어진 기구이다. 함평장날이면 장터에 대장간이 문을 연다. 입구에 폐차장에서 사온 두꺼운 강철판을 쌓아놓았다. 한 시대를 살아낸 폐강판에는 멍 자국 같은 검붉은 더께가 두껍게 앉았다. 대장장이는 강판을 용접 불로 길쭉하게 자른 뒤 불에 달구어 무거운 쇠망치로 내리친다. 수없이 내쳐지는 망치 끝에서 시뻘건 쇳덩이의 낡은 허물이 한 꺼풀씩 흘러내린다. 마치 우화하는 나비처럼 버려진 강판이 손끝에서 어구와 농기구와 공사장 연장으로 탈바꿈한다. 인간의 삶도 변하려면 저렇게 달궈지고 세상의 망치질들을 견디는 시간이 필요한 것인가. 인고의 시간을 버텨낸 조새들이 어깨를 한껏 들먹이며 대장간에 도열해 있었다. 큰 날은 쪼뼛한 쇠를 두툼한 나무 끝에 끼우거나 길게 반원으로 휘어 꼬아 무게감을 주었다. 반대편 작은 날은 연한 굴을 드러내기 편하도록 얇은 쇠고챙이 끝을 날카롭게 벼려서 약간 구부렸다. 감히 작은 용구라고 가벼이 여길 수 없다.

  노인이 조새로 굴을 까기 시작한다. 눌러쓴 모자 아래로 검은 머리카락을 찾아보기 어렵다. 마흔 살에 남편을 여의고 고향으로 돌아왔다고 했다. 자식들은 대처로 나가 제 앞가림 정도는 하겠지만 자신의 생활비는 스스로 해결하기 위해 썰물을 기다렸으리라. 밀물 때까지 몸을 바지런히 움직이면 하루 몇만 원어치는 거뜬히 얻는다는 목소리가 추위 따윈 아랑곳하지 않고 당당하다. 올해는 여름 장마가 긴 탓에 석화 수확량이 적다면서 조금이라도 굵은 씨알이 있는 바위로 옮겨 다닌다.

이야기하는 동안에도 손은 쉬지 않고 조새를 움직인다. 노인의 손놀림이 기계처럼 정교하다. 쇠의 무거운 쪽 끄트머리가 새 부리마냥 뾰족하다. 닭이 모이를 쪼듯 굴 껍질을 향해 탁탁 내리치면 아무리 단단한 껍데기라도 단숨에 부서진다. 벗겨낸 표피 속에서 바다가 그동안 키워둔 굴이 탱글탱글한 자태를 드러낸다. 곧바로 조새가 방향을 돌려 날갯짓을 하니 가느다란 쇠꼬챙이 끝에 부드러운 속살이 매달렸다. 일련의 행동이 물 흐르듯 자연스럽고 숙련된 칼잡이의 동작처럼 재빠르다. 노인이 굴을 보지 않고 던지는데도 자석에 쇠가 따라붙듯 쏙쏙 빨려 들어간다. 뽀얀 굴들이 수북이 쌓인 바구니에 바다향이 밀려와 코끝에 닿는다. 노인의 굴 까는 모습에서 삭풍 부는 바위에 웅크리고 앉아 굴을 좇던 외할머니를 소환해 온다.

한국 전쟁 중에 외할머니는 남편을 잃었다. 공산군이 마을 장정들을 학살할 때 외할아버지도 억울하게 희생당하셨다. 안타깝게도 첫아이인 내 어머니를 임신한 상태였다. 유복자였던 갓난아기를 품에 안은 채 살길이 막막해진 외할머니는 새 삶을 택했고 두 딸을 더 낳았다. 조새는 나무 손잡이가 중앙에 있고 좌우로 전혀 다른 형태의 쇠갈퀴가 부착되었다. 그 생김새는 성씨 다른 이모들과 어머니가 외할머니의 양옆에 기대어 사는 모습처럼 좌우 대칭을 이루지 못하고 매우 기형적이다.

동백꽃이 흐드러진 동백 끼미는 서해 바닷가 마을이다. 경사가 심해 밭농사만 지을 수 있을 뿐 바다 외에는 생계를 위해 바라볼 것이 없는 동네였다. 여인들은 남자들이 개매기 어업으로 잡아 온 생선을 손질하거나 손에 물집이 잡혀 물러터지도록 호미질을 해가며 넓은 갯벌에서 어렵게 조개를 캤다. 바닷물이 빠지고 나면 물기 머금은 바위에 미끄러지지 않도록 쪼그리고 앉아 굴을 까는 작업도 여자들에게 고된 노동 중 하나였다. 동네 해안에 굴이 잘 자라주면 그나마 나았으나 굴 흉년이 든 해에는 다른 마을까지 굴 까기 품팔이를 다녔다.

굴 까는 일은 주로 늦가을부터 겨울 동안 이어졌다. 외가에서도 동네 사람들처럼 집안 여자 숫자대로 조새를 준비해 두었다. 외할머니 조새와 이모들 조새 그리고 어머니 조새가 나란히 흙벽에 걸려있었다. 그중에는 내가 쥐던 새끼 조새도 있었다. 이모들과 어머니는 자신들의 처지를 닮은 조새를 들고 간조 시간을 기다려 찬 바다로 내려갔다. 두 쇠날의 역할은 다르지만 한마음으로 움직여야만 굴을 깔 수 있는 조새처럼 삶이라는 거센 바다에서 그녀들은 서로를 지탱해주는 조새의 양쪽 날개였다.

조새를 벽에서 내릴 때는 어디선가 찬기가 일었다. 그럴 때면 조새는 북쪽에서 냉풍을 몰고 날아오는 철새 같았다. 외할머니는 숫돌에 조새 날을 슥슥 갈아 여름내 쌓인 붉은 녹을 털어내었다. 쇠 날을 가는 당신의 뒷모습은 금방이라도 땅속으로 꺼져버릴 것처럼 고단해 보였다. 염분에 썩어가던 나무 손잡이는 장날 대장간에 가지고 가 새 걸로 갈아 끼워왔다. 양날이 잘 벼려진 조새는 생존이라는 전장에서 자신을 보호할 갯마을 여인들의 수단이었다. 짭쪼름한 굴이 바닷가 아낙들의 농한기 수입원이 되어줄 때 조새는 양쪽 날개를 퍼덕이며 그들을 도왔다. 조새는 외할머니에게서 어머니와 이모로 다시 그들의 딸로 흘러가던 바닷가 여인들의 운명을 대변하였다.

노인의 굴 까는 모습을 물끄러미 보노라니 박물관 사진에서 본 옛날 조새가 떠올랐다. 도자기 운반선 안에서 발견되었다는 고려시대 조새 형태가 지금 노인이 들고 있는 것과 유사하여 적잖이 놀라웠다. 비슷한 모양이기에 굴을 채취하는 방법도 예전 그대로이지 않을까. 그동안 여자들의 굴 까는 방식이 전혀 바뀌지 않았다는 생각이 미치자 마치 천 년 전 여인이 눈앞에서 굴을 줍는 것은 아닌지 착각마저 든다.

  긴 세월 동안 조새를 손에 쥔 여인들의 삶은 과연 얼마나 변화했을까. 이제 갯가 딸들은 시대를 되풀이하던 조새를 이모들과 어머니 세대에 놔두고 대도시로 나간다. 바닷가에서 손이 부르트도록 조새를 쥐지도 않으며 그 존재조차 잊고 살아간다. 조새를 잊은 현대 여자들은 과거 그녀들의 운명에서 벗어난 줄 알지만 모습이 바뀐 또 다른 조새를 손에 들고 생활전선에 서 있는 건 아닌지. 앞서 살아간 갯가 여인들이 온몸으로 생을 버텨내었듯이 뒤따르는 딸들도 삶과의 투쟁을 멈추지 않을 것이다. 이때, 새로운 조새는 그들에게 굴레가 아닌 든든한 삶의 무기가 되어줄 것이다.

  발밑까지 물이 차오르니 노인은 주섬주섬 조새와 바구니를 챙겨 해안가로 올라간다. 사라지는 노인의 뒷모습을 눈으로 좇으며 먼 시간 여행이라도 다녀온 듯 몽롱해진다.

붉은 땀

건물 3층에서 불꽃이 솟는다. 여기저기에서 폭음이 울리며 시커먼 연기가 새어 나오더니 금세 자욱해진다. 신고자의 목소리는 다급하고 상황실 출동 명령은 단호하다. 소방관들은 자동기계 작동하듯 몸에 옷을 끼워 넣으며 복도를 가로질러 달려간다. 소방차가 사이렌을 울리며 급하게 차고를 나선다. 명령에서 소방차 출발까지 사십 초 남짓 걸렸다. 화재를 발견한 사람들이 이웃들을 깨우는 사이 검붉은 혓바닥은 금방이라도 건물을 통째로 삼킬 것처럼 날름거린다. 불길이 외벽을 타고 상층부로 재빠르게 올라간다.

물과 불의 전투가 시작되었다. 소방차에서 거대한 물줄기가 폭포수처럼 뿜어져 나온다. 구조용 헬기가 이륙하고 불길이 점령한 건물에 물대포를 장착한 특수차량들이 에워싼다. 헬기에서 활강한 소방대원들이 옥상 위로 대피한 주민들을 바스켓에 태우는 사이 특수차가 외벽을 뚫고 물을 쏘며 구조대원들이 진입할 수 있도록 통로를 확보한다. 대원들은 건물 안으로 들어간 뒤 사람들의 대피를 유도하면서 연기를 흡입한 이들부터 구급차에 실려 보낸다. 아득히 높은 계단 위에서 소방관 한 명이 아기를 안고 바람처럼 달려 내려온다. 그 뒤로 실제 화재 현장의 긴박했던 구조 영상이 겹친다. 그의 발걸음에 내 심장도 덩달아 펄떡인다. 옆 사람의 숨소리조차 들리지 않고 호흡이 가빠진다. 내려올수록 두 사람의 모습이 점점 뚜렷해지고 드디어 입구를 통과하여 아기를 구급차에 태우는 순간에서야 안도의 한숨이 나온다. 괜히 코끝이 찡해지면서 손수건을 눈가로 가져간다.

소방의 날 기념식에 대통령을 모시고 귀빈들이 자리했다. 참석한 사람들도 잔뜩 굳은 얼굴로 소방 시범 훈련을 바라보지만 한쪽에서 기념식 시나리오 책자를 들고 그 누구보다 초조하게 재연 장면을 지시하는 사람이 있다. 이번 기념식을 기획한 내 친구 '불끈이'다. 그는 혹여 실수라도, 혹시 안전사고라도 있을까 봐 마음을 졸이며 현장을 지휘하고 있다. 시연이 막바지로 접어들며 시뻘겋던 불길이 잡힌다. 자욱한 연기가 사방을 휘감는다. 앞이 보이지 않는 흐릿한 연기 속으로 불끈이의 삶이 파노라마처럼 지나간다.

　기념식을 앞두고 그가 사무실을 찾아왔다. 보통의 중년 남자들보다 큰 체구가 듬직한 인상을 풍긴다. 친구라지만 모임에 가서야 겨우 얼굴 보며 안부를 전하는 정도이지 깊은 이야기를 나눌 기회가 많지 않았다. 또 소방관이라는 특수한 직업 때문에 남들과는 다른 인생을 살아왔을 것이라는 막연한 선입견까지 갖고 있었다. 굵은 목소리와 편안한 말투로 하나하나 풀어내는 그의 삶은 나의 편견을 여지없이 깨뜨려주었다.

　그는 이번 행사 제의를 받았을 때 선뜻 하겠다는 말을 못 했다. 여느 조직에서나 마찬가지로 꽉 짜여진 팀에서 한 사람이 빠져나간다는 것은 누군가가 그 일을 대신해야 한다는 뜻이다. 만약 파견을 나간다면 남아 있는 동료들이 자신의 몫까지 고생할 것이기에 많은 시간 고민하게 했다는 말에 불끈이가 그들에 대해 얼마나 각별한 마음을 갖고 있는지 알 수 있었다. 그러면서도 그는 누군가 해야 할 일이라면 한 번쯤 도전해 보는 것도 괜찮지 않을까라는 생각에 미치게 되었다. 그 또한 소방 조직을 위한 일이라는 판단으로 어렵게 결정을 내렸고 묵묵히 제자리를 지키고 있을 동료들이 있기에 더욱 열심히 준비에 매진할 수 있었다.

　경험해 보지 않은 일에 도전한다는 것은 무에서 유를 만들어내는 작업이었다. 행사 주제 정하기부터 연일 토론이 이어지며 여러 날을 보내야만 했다. 장소를 물색하기 위해 여러 후보지를 둘러보았고 코로나로 참가 인원은 제한되었기에 초대 인사 선정에서는 잡음도 있었다. 소방 시범을 국민들에게 보여줄 기회여서 소방관들은 피나는 훈련과 연습을 거듭했다. 더구나 대통령까지 동참하는 행사라 경호와 의전도 커다란 과제 중 하나였다. 어느 것 하나 수월하게 넘어가지 않았다. 매일 매일 전쟁터를 누비듯 비장하게 지나갔다. 가족과 떨어져 지내는 불편하고 외로운 생활은 덤이었다.

젊었을 때는 그도 구조대원이었다. 화마 속에 쓰러져 있는 사람을 본 순간에는 위험조차 생각할 겨를도 없이 몸이 먼저 반응하여 무조건 업고 뛰었다. 자신의 안위보다 구조자의 생명이 최우선이었다. 소방관으로 일을 하면서 동료를 잃는 것이 가장 힘들다고 말하던 그의 눈가가 붉어졌다. 햇병아리 소방관 시절에는 선배들의 가르침으로 버텨내었다. 사고 현장에서 돌아와 머릿속에 상황이 복기되어 괴로워하는가 싶으면 밖으로 끌고 나가 팽팽해진 정신이 풀리도록 술을 사주던 선배가 있었다. 그런 선배를 자신의 손으로 장례 치른 날이나 젊은 동료를 보내야 할 때는 한동안 마음이 주춤거렸다. 도저히 다시는 불 속으로 뛰어들지 못할 것 같은 두려움이 엄습해왔다. 그러나 또다시 그가 구조 현장으로 뛰어나갈 수 있었던 것은 언제나 자신이 해야 할 일이라는 사명감이 앞섰기 때문이다. 불을 향해 주저 없이 몸을 던지는 행동은 소방관이라는 직업에 최선을 다한 결과이지 않을까.

불끈이는 궁핍한 어린 시절을 보내서인지 돈을 많이 벌고 싶었다. 직장 생활은 딱 오 년만 하리라 결심했고 퇴직 후에는 사업을 하겠다는 야무진 꿈도 있었다. 스물여덟의 청년이 단지 제복이 멋있어서 소방사 시험에 응시했다며 배시시 웃었다. 구조대원으로 일하며 스킨스쿠버, 간호조무사, 굴삭기, 대형운전면허, 소형선박조정 등 인명구조에 필요한 자격증을 차곡차곡 취득하였다. 늘 누군가를 위한 공부를 하는 자신을 보며 어쩔 수 없는 운명의 직업을 받아들이게 되었다.

친구의 생을 되짚는 사이 소방 시연을 끝낸 소방차에서 붉은 땀이 흐른다. 어느샌가 불끈이의 등도 흠뻑 젖어있다. 맡은 직분을 완수하고 밥벌이를 넘어 주어진 업이라 여기는 성실함이 땀으로 배어 나오고 있었다. 그의 젖은 등을 보며 나는 내 일에 얼마나 치열하게 고뇌했는가, 당장 먹고사는 데만 급급하여 주위에 소홀하진 않았는지 되돌아본다.

명예 소방관이 나직하게 읊는 소방관의 기도는 묵직하고 숙연하다. 아무리 강력한 화염 속에서도 한 생명을 구할 수 있는 힘을 주고 구하지 못하는 생명이 없도록 해달라고 하면서도, 화재를 진압하다가 자신이 목숨을 잃게 되면 아내와 가족을 돌봐달라는 말에 기어이 지켜보는 이들의 눈물을 쏟게 만든다. 대통령은 기념사에서 명령하였다.

"살려서 돌아오라, 살아서 돌아오라."

세찬 박수를 받으며 행사가 무사히 막을 내린다. 지켜보던 나도 불끈이가 무거운 짐을 벗은 것 같아 마음을 놓는다.

감태와 매생이

목검을 든 장병들이 보초를 선 것 같다. 장흥 내저 선착장에 도착했을 때, 길 벽에 기대어 햇볕을 받고 있던 누르스름한 대발들이 손님맞이를 한다. 여기저기 꼿꼿이 세워진 대나무 발에 이따금 지나가는 바람이 걸린다. 길바닥에선 대발을 수선하는 손길이 분주하다. 육지 생명들이 잠시 성장을 멈추는 계절에 바다에서 푸릇한 해초들이 자란다니 꼭 한 번 보고 싶었다.

두꺼비 등판 같은 갯벌이 길게 누워있다. 마을 노인 둘이 그 속으로 한 발 한 발 내딛는데 발목까지 펄에 묻혀들어간다. 그들의 차림새가 특이하다. 바지 장화를 신고 허리에는 긴 줄로 고무대야를 매어 달았다. 푹푹 빠지는 펄밭을 걸어 다니며 연신 허리를 구부리는 노구에 살을 찌르는 듯한 추위가 실려 따라간다. 짙은 녹색 해조류를 집어 붉은 그릇에 담는 모습에서 밀레의 '이삭 줍는 여인들'이 저절로 떠오른다. 그림 속 여인들이 수확이 끝난 들판에서 누런 밀 이삭을 주웠다면 두 노인은 검은 갯벌에서 초록 해초를 따서 모은다. 몸을 낮춘 그들이 갯벌과 한 더미가 된다.

 '단이끼'라 불리는 감태다. 들물 때까지 그녀들은 감태를 맸다. 뿌리 쪽 억센 부분은 피하고 여리면서 부드러운 윗부분만 골라 잘랐다. 들어갈 때 스친 얼굴은 고랑이 깊게 파였고 등허리는 구붓하게 휘었는데 어떻게 나오려나 걱정돼서 오랜 시간 지켜보았다. 밀물이 발등을 넘어 찰랑거리자 서로에게 고함을 지르며 수신호를 한다. 물골 따라 힘겹게 대야를 밀고 나온다. 사람은 보이지 않고 고무대야 위로 수북이 쌓인 감태만 움직였다. 밖으로 나와서야 허리를 펴며 한숨을 길게 내쉬는데 머리를 감싼 털모자 끝이 땀으로 흠뻑 젖었다.

 밀물이 들면 선착장이 부산하다. 말뚝을 박고 대나무 다발을 묶어 두면 매생이가 열 맞춰 자란다. 서너 척의 작은 배가 양식장을 바삐 오간다. 날물이 되기 전에 물량을 맞춰야 한단다. 한 척이 말뚝 사이로 달려가는가 싶더니 이내 옆으로 선미가 쏠린다. 바라보던 이도 운전하던 선원도 뒤집히는 줄 알고 당황한다. 키를 잡은 선장이 구경하는 눈들을 위해 멋지게 물살을 가르려 했는데 삐끗한 모양이다. 멋쩍었는지 손을 높이 치켜든다. 시린 물속에서 작업하느라 얼어 있는 손일 텐데 잠시나마 여유를 부리는 몸짓이 괜스레 아릿해 온다.

 말뚝 곁으로 배를 대면 선원들이 갈고리 달린 긴 막대로 물속에 잠겨있던 대나무 발을 끌어 올린다. 서너 번 작업을 반복하더니 쏜살같이 선착장으로 달려온다. 물기 잔뜩 머금은 대발을 싣고 오다가 자칫 바람이라도 불면 선체가 기울어 가라앉기 때문에 욕심을 부리지 않는다고 했다. 촤르륵, 도르래에 감겨 올라가는 대나무는 매생이 무게에 양어깨를 늘어뜨린 채 허공에서 대롱거린다. 바닷물이 사방으로 튄다. 파릇파릇 잔디 빛깔을 상상하고 왔는데 방금 걷어온 매생이는 겨울의 고된 노동까지 품었는지 오히려 캄캄한 먹빛에 가깝다.

 인부들이 바다를 떠난 매생이를 대나무에서 훑어낸다. 짠물에 잠긴 대나무는 매생이를 길러내느라 진을 다 뺐는지 너덜너덜해져서 작업장 밖으로 보내진다. 마을 입구에서 보았던 길가의 대발들이다. 매생이는 초겨울부터 대나무에 뿌리를 내려 길이를 키운다. 그러고도 수많은 손길을 거친 후에야 깨끗한 물속에 실오라기 몸을 풀어놓는다. 인생의 골을 건너 본 사람에게서 깊은 삶 내음이 풍기듯 매생이 향이 진한 이유도 매운바람을 견디며 자랐기 때문이지 않을까. 한 움큼 집어 올린 노련한 손길이 엉켜있던 가닥들을 쪽진 여인의 뒷머리처럼 동그랗게 말아 감는다. 이러한 매생이 덩이를 '재기'라고 부른다. 수십 번 쓸어내리니 동백기름 바른 듯 윤기가 흐른다.

  재기 짓는 손이 저울이다. 뭉치를 저울에 올려보는데 눈금이 매번 똑같다. 주인은 쉬지 않고 재기를 지으며 살아온 이야기를 들려준다. 처음에 집안 어른이 김 양식으로 시작했단다. 당시 매생이는 매끈한 김 맛을 떨어뜨리는 잡초 취급을 받았다. 어떻게든 떼어내야 할 존재여서 농부가 잡풀 고르듯 뜯어내기도 하고 독한 약품을 뿌리기도 했다. 그러나 매생이가 '해조류의 황제'나 '황금바다풀'이라 불리자 생각이 바뀌었다. 김 양식 지주대를 철거하고 대나무 발로 대체되었다. 이제 매생이 양식은 젊은 아들까지 돕는 가업이다. 세상사 새옹지마이니 눈앞의 일에만 연연해하지 말고 담담하게 인내하는 혜안을 가져볼 일이다.

  간조와 만조의 삶이 다르다. 매생이는 기계로 세척하지만 감태는 바닷물이 고여 있는 웅덩이에서 뻘흙이나 굴껍질 등 잡티를 일일이 손으로 털어낸다. 삭풍 피할 곳조차 없는 갯가에서 감태 손질은 따오는 일보다 더 만만찮다. 그녀들은 돈을 받고도 못할 징한 일이라며 손사래를 친다. 어느 먹거리인들 손쉽게 식탁으로 오르겠는가마는 겨울 감태와 매생이는 더욱 정성이 모인다.

 공존의 생이다. 청정한 갯벌에 뿌리내려야만 하는 삶이다. 김 양식장 시절엔 천대받던 매생이와 감태였으니 윗분들 밥그릇 싸움에 하층민의 삶이 송두리째 잃는 것과 무엇이 다르랴. 윗길의 매생이가 살아나면서 아랫마을 감태도 다시 찾아왔다. 덕분에 내저마을 사람들은 겨울 해초들을 거두며 생계를 잇는다. 네가 있기 때문에 내가 있다는 '우분투ubunt'의 정신이다.

 우리에게도 추수가 끝난 논에서 벼 이삭 한 톨이라도 더 모으려고 논바닥을 헤매던 시절이 있었다. 그림 속 이삭줍기는 궁핍한 생활을 이어가던 농민과 노동자의 힘겨움을 웅변한다. 봄비 맞은 풀잎처럼 고개 숙인 감태와 매생이가 소시민의 처지를 닮아서인가. 자꾸 마음이 기운다.

 감태와 매생이가 찬바람 속에서 초록 싹을 틔우고 힘차게 뻗어나간다. 이제 매생이는 김보다 몸값이 비싸 명성이 역전되었고 감태도 서서히 맛이 알려지면서 찾는 이들이 늘었다. 누가 알아주지 않으면 어떤가. 살다 보면 매생이처럼 사시사철 대우도 받고 감태처럼 한철 별미로 각광도 받는 삶이지 않은가. 삶은 때로 전복과 전화위복을 거듭하기도 한 것을. 향긋한 감태와 매생이가 봄을 부른다.

물의 집

매화는 이미 졌고 돌담 귀퉁이에 개나리와 진달래 꽃봉오리뿐이다. 도시는 거리마다 봄꽃이 축제를 열었다. 산사의 꽃도 피었으리라 기대했는데 때를 못 맞추었다. 산속의 봄은 꽃잎을 여닫는 시간이 다르다.

사월에는 선암사 벚꽃이 꽃불을 밝힌다. 응진당과 원통전 사이 겹벚꽃이 피면 진분홍 꽃길이 솜씨 좋은 화가의 수채화 한 폭 같다. 분홍 길은 몽환에 빠져 그림 속을 거니는 착각마저 일으킨다. 그 신비한 경험 때문에 봄이 깊어 가면 선암사가 눈앞에 아른거린다. 꽃이 난만하면 어느 방향에서나 그럴싸하게 사진 속으로 들어온다. 그러나 벚나무는 휑하니 빈손이다. 바람만 가득한 길을 향해 애꿎은 카메라 셔터만 눌러댔다.

지나가던 스님 한 분이 손짓을 한다. 너른 절 마당에는 우리 일행과 휴대전화로 사진을 찍던 부부 두 사람뿐이다. 모두들 얼떨결에 쫓아 달려갔다. 스님은 응진당이 있는 칠전선원 안으로 들어가더니 달마전으로 성큼성큼 앞서신다. 평소에는 스님들의 수행 공간이라고 일반인 출입을 금하는 곳이다. 우리는 어리둥절한 표정으로 뒤따른다.

달마전에 발을 내디디니 어두운 부엌이다. 벽을 따라 장작더미가 쌓여 있고 차를 덖었을 법한 큰 가마솥이 놓여 있다. 고개를 돌려 살펴볼 겨를도 없이 부엌을 가로질러 앞으로 더 걸어간다. 어둠이 눈에 익기도 전에 맞은편 문 앞에 도달한다. 거리낌 없다는 듯 단숨에 밀어젖힌 문 사이로 밝은 빛이 훅 안겨 온다. 문밖에 상상조차 해 보지 못한 광경이 나타났다. 울타리 너머에 초록의 야생차밭이 대초원처럼 펼쳐져 있고, 기역자형 처마 아래 오래된 툇마루가 반질거린다. 대나무 바지랑대가 걸친 빨랫줄에는 승복 한 벌이 바람 따라 살랑대며 한껏 한가로운 분위기를 연출한다. 야트막한 돌담 위로 활짝 핀 올벚나무 꽃잎이 날리더니 하롱하롱 공중에서 노닌다. 사진 속에서나 보던 풍경이 밖으로 나왔다.

달마전 뒤뜰에는 크기와 모양이 같지 않은 돌그릇 네 개가 놓여 있다. 자연석 위에 통나무와 대롱을 연결해 물을 흘러내리게 했다. 넘실대는 석함에도 연분홍 꽃잎이 내려앉는다. 담 아래로 넘어 온 물은 네모 모양의 가장 큰 돌그릇을 만나 깊은 물함을 만든 후 대통을 거쳐 아래로 간다. 두 번째 돌그릇은 처음 그릇보다 낮고 돌의 둘레가 투박한 타원형이다. 위쪽이 반듯하지 않아서 물이 차오르다가 옆으로 흘러넘치기도 한다. 넘치던 물골 따라 돌 색깔이 검게 변해 있다. 다시 더 전진한다. 이번에는 제법 반듯한 둥근 돌그릇이 기다린다. 수각은 아래로 갈수록 작고 낮아진다. 세 개의 그릇은 나란히 앉았는데 맨 끝 그릇은 한쪽으로 비스듬히 놓였다. 네 번째 돌은 깊이도 없으며 모양도 구별하기 어려울 정도로 흐릿하다. 작은 바가지로 몇 번 떠내면 없어질 물의 양이다.

　수각의 물이 흘러내린다. 물줄기는 통나무를 지나 첫 돌그릇에 떨어질 때 한 번 꺾인다. 세 개의 석함은 일직선으로 있어서 물도 아래로 직진한다. 그러나 마지막 대통은 방향을 다르게 두었다. 급기야 물줄기는 휘어지며 움직인다. 모든 돌그릇을 나란히 놔둘 수 있었으련만 네 번째 그릇을 옆으로 놓아 물길을 비트는 이유가 궁금해진다.

　살아온 내 생도 저랬을까. 고향을 떠난 타지의 생활은 외롭고 힘겨웠다. 명리학 공부를 하느라 삼 년간 지하도 생활을 경험했고 아이들에게는 엄마만 같이 찍힌 졸업사진을 남겨주었다. 팔팔한 젊은 나이에 암이라는 불청객과 싸우기도 했다. 다른 이들은 잘도 나아가는 것 같은데 나만 자꾸 비껴나는 삶이었다. 지름길은 없었고 넓고 훤한 길은 내 것이 아니었다. 번듯한 길이 아닌 샛길로 밀려난 작은 돌그릇이 아웃사이더 인생의 내 모습 같다.

되돌아보면 굽이굽이 돌아온 시간들이었는데 그 안에서 얻는 것도 많았다. 굽어 꺾인 생활을 이겨 내려 글을 쓰기 시작했다. 글에서는 글쓴이의 살아온 세월이 느껴지고 생각과 가치관도 알 수 있다. 내 글에는 쉬어가는 여유와 채우고 비우는 자연스러운 이음이 부족하다. 바쁘다며 주변을 바라보지 못했기에 세밀한 묘사가 되지 않고, 긴장하며 살아왔기에 문장은 뻣뻣이 경직되어 있다. 생의 모퉁이를 돌 때마다 놓여 있었을 세상의 경치를 제대로 담지 못했고 오므리기에 급급해 펼치는 법을 잊었기 때문이리라.

수각은 청정한 물을 담는 물의 집이다. 쓰임에 따라 다르게 사용한다. 가장 위쪽 신성한 물은 부처님께 올리거나 찻물을 달인다. 그다음 물은 대중이 먹는 물이며 세 번째 둥근 함의 물은 쌀이나 과일을 씻고 밥을 짓는다. 맨 나중에 휘어져 내려온 물은 손발을 씻고 걸레를 헹구는 허드렛물로 이용한다. 수각의 물은 담기고 쓰이다가 자연으로 돌아간다.

돌아앉은 돌그릇이 만드는 물의 곡선에 직선의 삶을 원하던 나를 비추어본다. 그릇끼리 연결해서 물이 지나게 하는 대통은 채워 넣는 것과 내보내는 것을 보여준다. 지금의 나는 조금씩 비워도 되련만 아직도 내려보내는 것이 서툴고 여전히 담기에만 분주하다. 마지막 돌그릇의 허드렛물만큼이라도 누군가를 위해 쓰인 적이 있었을까. 내 삶만 굴곡지다 여기며 다른 이들의 꺾인 곳을 쉬이 돌아보지 못했다.

 스님께서 문고리를 풀어 여러 명의 고승을 배출한 방안을 구경시켜 주신다. 선방을 살피며 맨 끝의 돌그릇이 비스듬히 앉은 이유를 미루어 짐작해본다. 굽은 물줄기처럼 조금 비껴 앉는 일도 스님들의 공부법 중 하나이지 않을까. 수행 공간을 기꺼이 열어주신 배려로 환하게 밝힌 꽃불 대신 풍경 같은 물의 집을 만났다. 때로는 인생이 계획대로 되지 않아도 살아볼 만한 날들이다.

도시의 스파이크

한팔을 붕대로 동여매고 담배꽁초를 줍는다. 시커먼 옷은 몇 번이나 덧댄 자국으로 땟국이 번들하다. 더운 날씨인데도 두세 겹의 옷을 껴입었다. 구멍 난 신발은 금방이라도 발가락이 보일 것 같다. 부랑자는 주위의 시선 따윈 아랑곳없이 자연스럽게 쓰레기통 근처에 흩어진 담배 도막을 주워 주머니에 넣는다.

세상의 오물들이 내려앉은 지하 바닥이다. 가래침도 있고, 토사물이 튀기도 하며, 먹다 버린 음료수며, 온갖 쓰레기와 먼지가 공존한다. 바람에 굴러다니는 나뭇잎은 오히려 낭만적이다. 남학생들 한 무리가 공을 튕기며 걸어가고 장바구니를 무겁게 든 아주머니 옆으로 할머니 두 분이 도란거리며 스쳐 간다. 여러 사람의 발걸음 소리가 엉킨다. 하지만 지하도 계단 아래 앉아 있는 노숙인에게 관심조차 주지 않고 무심히 지나간다.

그곳을 생활 터전으로 삼는 사람들이 있다. 둥그런 플라스틱 통 위로 과일을 쌓아 경계석 따라 늘어놨고, 휴대용 옷걸이에 알록달록 옷들을 진열해 놓았다. 밤새 만들었을 수세미를 팔며 곁에서 쉼 없이 새 수세미를 짜는 이도 있다. 다 팔아봐야 몇만 원도 안 되는 잡화를 펼쳐놓고 찬 바닥 좌판 모퉁이에 쪼그려 앉아 있다. 그 사이로 그가 구부정한 몸을 이끌고 두리번거린다.

나도 그 바닥에 있었다. 돗자리 한 장 펴 놓고 방석을 깔고 앉으면 시멘트의 찬 기운은 어느 정도 막아졌다. 낮은 밥상 하나에 볼펜 몇 자루, 갱지 한 묶음으로 사주 상담을 이어가던 때였다. 겨울엔 추위가 뼛속을 파고들었다. 봄가을엔 지상의 흙바람이 밀려왔고, 여름엔 모기떼가 극성이었다. 비 오는 날은 공치는 날이었다. 세파에 지친 육신은 지면에 바짝 엎드렸다.

부랑자와 가까이서 생활했다. 지하도를 내려오면 입구에 그가 있었다. 사십 대 초반쯤으로 젊어 보였다. 구걸을 위해 따로 그릇을 놔두진 않았지만 지나가던 사람들이 간혹 돈을 던져주고 했다. 남자의 물건들은 모두 잿빛이었다. 담배를 피울 때를 제외하고는 딱히 하는 일 없이 멍하니 앉아 있기 일쑤였다.

그에게 유독 환하게 보이는 부분이 붕대였다. 그러나 나는 그가 멀쩡한 팔을 붕대로 감고 있다는 것을 안다. 지상에서 두 팔을 자연스럽게 흔들며 돌아다니는 걸 본 적이 있다. 나와 부랑자는 아는 체하지 않았지만 묵시적으로 서로를 알고 있었다.

조지 오웰이 쓴 《스파이크》를 읽었다. 아침 점심 저녁 모두 빵 반 개, 마가린 한 조각, 차 한 컵만을 주는 곳이 '스파이크'라는 부랑자 숙소다. 스팀이 차단된 방에서 반쯤 얼어붙어 자야 한다. 자기 발로 들어가지만 문이 열리기 전에는 나올 수 없는 일시적 갇힌 생활이다. 수용자들은 마른 빵을 먹는 것보다, 추위 때문에 잠을 못 이루는 것보다, 하루를 하릴없이 지내야 하는 시간이 더 괴롭다. 평소에 아무 일도 않고 지내는 그들이지만 따분함이 주는 고통은 잔인하다. 오웰은 그 고통을 '시곗바늘은 고문을 하듯 느릿느릿 기어갔다'고 표현했다.

나는 뒹굴뒹굴 노는 시간이 없다. 피곤하여 어쩔 수 없이 몸을 뉘어야 할 때를 제외하고는 늘 무언가를 하려고 노력한다. 바지런한 성격 때문이기도 하고 혼자 아이들을 키워 내려 긴장하며 살아온 습관이기도 하다. 그런 내게 아무것도 할일 없는 시간이 주어진다면, 어딘가에 갇혀 시간을 쓸 수 없는 상황이 온다면, 그 순간은 고문의 시간일 것이다. 《스파이크》를 읽는데 가장 힘든 지점이었다.

오웰은 습작을 위해 부랑자 생활을 체험했지만 내게 좌판 생활은 생계를 위한 실전이었다. 젊은 여자가 길바닥에 앉는 것은 뭇사람들의 희롱 대상이었다. 함부로 해도 된다는, 하찮은 여자라는 생각들이었는지 취객들이 던지는 막말과 거친 행동들이 이어졌다. 어떤 이들은 사주는 미신이라며 행패를 부렸고 또 어떤 이들은 길거리 장사는 더럽고 비루하다는 억측까지 던졌다. 잠깐 화장실을 다녀온 사이에 가방을 가져가 버리기도 한두 번이 아니었다. 편견이 난무한 지하도 생활이었지만 그 자리에 있던 부랑자는 보고도 모른 척 고개를 돌렸다.

나는 상담을 하고 그는 구걸한다는 이유로 나 또한 그를 무시하였다. 어느 날 그의 무료함을 보면서 타로카드 보는 법이라도 가르쳐볼까 생각했다. 아직은 젊어 보이는데 뭐라도 배워 밥벌이라도 하게 도와줄 방법이 있지 않을까 해서였다. 한 팔에 거짓 붕대를 감고 구걸로 연명하며 노숙인 생활을 하는 모습이 실로 딱해 보였다. 그러나 끝내 말을 붙이진 않았다. 그의 입장에서 보면 여자가 길거리에서 희롱당하는 형편 역시 피차일반으로 느껴졌을지도 모른다. 세상 사람들이 볼 때 우리 둘은 지하도에서 생활하는 같은 부류일 것이다.

이 년 만에 지하 바닥에서 지상의 삶으로 올라왔다. 오웰이 스파이크에서 벗어나던 순간처럼 자유의 향기를 맛보는 기분이었다. 바깥세상은 환했으며 바람 냄새까지 향기로웠다. 모기를 쫓느라 피우던 모기향 훈내, 수로를 타고 올라오던 하수도 악취를 그곳에 두고 왔다. 온몸을 내려 앉혀야 하는 바닥에서 두 발로 단단한 땅을 딛고 올라섰다. 땅 위에 섰다는 것만으로도 사람들은 차별 없이 대했다.

그동안 지상의 거리에도 새로운 노점들이 생겼다. 갖은 채소를 펼친 할머니, 찐 옥수수를 파는 아줌마, 바퀴벌레약을 권유하는 할아버지, 전단지를 돌리는 학생들이 보인다. 낯선 노숙인도 자리를 잡고 있다. 빚 때문에 길거리로 내몰리게 되었을까. 일용직이라도 구하고 싶지만 경쟁에서 밀려 노숙자로 전락했을지도 모르겠다. 노점 단속은 강화되었는데 길거리 삶은 늘어난다. 어쩌면 그들 모두 도시의 스파이크 속에 살고 있는 것은 아닌지.

부랑자는 여전히 담배꽁초를 줍는다. 자신이 앉아 있던 지하에서 활동 범위를 넓혔나 보다. 몇 정거장 떨어진 길거리에서 다시 마주쳤지만 여전히 우리는 모른 척 지나갔다. 편치 않은 마음으로 부랑자의 뒷모습을 눈으로 좇는다. 지하보다 낫다고 깝죽거리는 지상의 생활도 한순간에 쓸려갈 수 있는 모래성 같은 것임을 길바닥으로 내려가며 경험했다. 지금 내가 가진 것들도 진정한 내 것들이 아님을 경계한다.

꽃의 시간

시월이라 밤공기는 차갑다. 두꺼운 점퍼를 입어야 피할 수 있는 추위가 시작되었다. 올해의 마지막 꽃이라니 어떻게든 보고 싶었다. 해넘이 시간에 낯선 곳으로 연꽃 한 송이 보기 위해 제법 큰 결단을 내었다. 초저녁 무렵에 피기 시작해 사람들이 잠든 시간에 변신하는 꽃이다. 아무 때나 아무 곳에서나 꽃 문을 열지 않기에 쉽게 접할 수도 없다. 보통의 연꽃은 더운 여름에 피는데 쌀쌀해진 가을에 꽃을 피운 것이 신기하고, 이슬까지 내려 뼛속으로 찬기가 파고드는 한밤중에 꽃빛도 변한다니 여간 기대되는 것이 아니다.

도착하고 보니 서쪽 하늘에 남아 있던 불그레한 석양빛마저 이미 사라지고 없다. 땅거미가 내려앉아 가로등 빛으로 사물의 형체만 어스레하게 분간된다. 공원 연못 귀퉁이에 몇 평 안 되는 연밭이 있다. 절반 이상은 홍련이 차지하고 문간방에 세 들어 살 듯 한쪽에 큰가시연이 산다. 작은 아이 정도는 거뜬히 태울 수 있을 커다란 연잎이 녹색 쟁반을 띄운 듯 둥둥 떠 있다. 모두 여섯 잎이다. 그중 한 잎 곁으로 백열등을 세워 놓은 것처럼 자그마한 백색의 꽃 한 송이가 꽃불을 켜놓고 있다. 그곳에 연꽃이 피어 있다는 것을 알고 자세히 찾아보지 않는다면 무심히 지나칠 수도 있겠다.

전날 꽃대를 올려 은백의 꽃을 피웠고 둘째 날은 붉은 빛으로 변신을 할 예정이다. 운이 좋으면 꽃술까지 벌어져 왕관 모양을 만들 것이다. 영국 식물학자가 여왕의 머리에 왕관을 얹는 의식처럼 보인다 하여 빅토리아 연꽃 대관식이라 불렀다. 성대한 대관식을 치렀든, 꽃을 피우다 왕관 만들기에 실패를 했든 셋째 날에는 흔적도 없이 물속으로 사라지기에 물 위에서 벌어지는 삼일간의 야간 공연에 사람들이 어찌 흥분하며 기다리지 않겠는가. 대관식 참석 초대장을 천릿길 부산까지 보낸 이유이다.

큰가시연잎 한쪽 끝에 작은 연꽃이 도드라졌다. 젊은 여인마냥 도도하게 고개를 한껏 치켜세웠다. 바지 장화를 입은 사진사가 연못으로 들어간다. 연꽃 주위로 최대한 자연광을 낼 수 있도록 멀리 가까이 여러 개의 조명 삼각대를 세운다. 서서 바라보는 것만으로도 추위에 전신이 떨리는데 조명을 설치하는 팀은 연못 안팎을 오가며 최적의 조건을 만드느라 분주하다. 누가 시켜서 하는 일도 아니건만 더 많은 사람이 연꽃을 관람하도록 몸을 사리지 않는다. 연꽃은 오늘 밤 무대 위에서 스포트라이트를 받는 주인공이 되었다. 시선들이 몰린다. 대관식을 보기 위한 긴 기다림과 함께 밤이 깊어 간다.

연분홍으로 천천히 물들어간다. 워낙 기온이 낮은 탓에 짙은 붉은색은 포기했는지 꽃잎이 지쳐 보인다. 그 시간도 여름의 꽃들보다 더 걸린다며 두 달 동안 큰가시연꽃을 지켜보던 이가 귀띔해준다. 꽃의 계절을 놓치고 남들보다 뒤늦게 피워 올린 심정이 오죽할까. 우리네 생도 그럴 때가 있다. 다른 사람들보다 앞서가는 이는 항상 주목을 받는다. 그러나 보통의 삶은 제시간에 맞춰 피우기도 버겁다. 개중에는 다른 이들이 지나간 후에야 뒤늦게 시작하는 이들도 있다.

시골 풍경을 단순하고 밝게 그려 스타가 된 미국의 화가 그랜마 모제스가 붓을 잡기 시작한 시기도 노쇠하여 바늘을 들지 못할 나이였을 때다. 켄터키 할아버지로 불리는 할랜드 샌더스는 황혼에도 포기하지 않고 투자자를 찾아 나섰다. 천여 번의 세일즈 시도 끝에 성공하여 패스트푸드 가게를 창업할 수 있었다. 국내 최초의 시니어 모델 김칠두 역시 긴 백발을 찰랑거리며 모델로 데뷔했다. 런웨이 위로 은빛 머리카락이 물결치며 노신사가 걸음을 옮길 때마다 관중은 아낌없는 박수를 보낸다.

어머니는 육십이 넘어 운전면허증에 도전했다. 수입인지 붙일 공간이 부족할 정도로 시험에 계속 떨어졌으나 열세 번의 낙방을 맛보고 가까스로 운전면허증을 손에 넣었다. 능숙한 실력은 아니지만 시골에서 몇 시간에 한 번씩 오가는 군내버스를 타고 이동하는 것보다 낫다고 한다. 속도 느린 운전을 해서 겨우 읍내를 오가지만 교회에 가고 동네 아낙들을 태워 복지관 목욕탕에도 다닌다. 장날에는 노인들의 짐까지 싣고 마을로 돌아온다. 늦은 출발이라고 무시할 일도 주눅들 것도 아니다. 때늦은 어머니의 운전을 말리지 못하는 이유이다. 자신이 할 수 있는 만큼 혼신을 다해 보여주는 삶이라면 충분히 가치가 있지 않은가. 지켜보는 내내 응원을 하게 된다.

연꽃 혼자 하는 일이 아니다. 곁에 있는 연잎이 묵묵히 받쳐준다. 연잎은 낮에 모아 둔 햇빛의 기운을 조금이라도 더 꽃자루로 보내려고 애쓴다. 뜨거운 한여름이었다면, 젊고 푸른 잎이었다면, 좀 더 열기를 보태었을 텐데. 이제는 태양각도 기울고 연잎도 마르고 있어 햇볕 모으기가 쉽지 않다. 몸조차 가누기 힘겨우면서도 굽은 허리로 농작물들을 하나라도 더 자식 차에 실어 보내려는 노모의 마음을 읽는 것 같다.

아무리 귀한 연꽃이라도 연잎이 배경이 되어주지 않는다면 흑빛 물 위로 꽃대만 덩그러니 올린 초라한 사진으로 찍힌다. 누구나 감탄을 자아내는 우아한 모습이라도 차가운 물 속을 오가는 조명 팀의 수고가 없다면 짙은 어둠에 가려 꽃의 아름다움을 알아볼 수 없다. 잠을 미루고 손을 불어가며 머리카락 끝에 이슬이 맺히도록 찍는 사진이 없다면 세상은 어찌 스치듯 지나가는 순간의 찰나를 기억할 수 있겠는가. 조명받는 주연 뒤에는 그림자 같은 조연의 뒷받침이 있다는 사실을 새삼 깨닫는다.

새벽으로 넘어선다. 찬 기온 때문인지 새 옷을 제대로 갈아입지도, 멋진 왕관을 쓰지도 못한 채 꽃잎이 시들어간다. 대관식을 기다리던 사람들이 한마디씩 던진다. 애썼다고, 충분히 아름다웠고 같이 지켜볼 수 있어서 행복하다며 약속이나 한 듯 일제히 박수를 친 후 가만히 연꽃을 응시한다. 먹빛 연못과 맞닿은 흙에서 스멀스멀 새어 나온 안개가 연못을 채운다. 물안개와 조명 빛이 만나니 연못 안에 거대한 은하수가 생긴다. 별 무리 사이로 연잎 배가 유유히 흐른다. 머지않아 물속에 잠길 짧은 생이다. 비록 빛나는 대관식까지 치르지 못했지만 흐릿하게 피워 올린 자태 또한 꽃의 완성을 보여준 것은 아닐는지.

동쪽 하늘이 어슴푸레 밝아온다. 뱃머리에 큰가시연꽃이 화엄에 들었다.

또와상회

영화는 짧고 내용은 교과서 같다. 삼십여 분이라는 시간은 촘촘한 이야기를 담아내기 어려울 수 있지만 던져주는 메시지는 명백하다. 비만 오면 물난리를 겪던 목포의 가난한 동네 어느 가족의 삶을 그렸다.

반쯤 내려진 철문 위로 또와상회 간판이 선명하다. 남편은 장사조차 제대로 돕지 않는 백수다. 막걸리 배달을 하며 억척스럽게 삶을 일구는 아내의 오매불망 소원은 막내딸이 선생님이 되는 것이다. 그녀는 딸이 교사만 되면 좋은 곳에서 중매도 들어오고 고생도 하지 않으며 안정적인 생을 살아가리라 굳은 믿음이 있다.

열아홉 살 정현에게 성악가라는 꿈이 생겼다. 그동안 친구들과 놀고 싶어도 참아가며 공부만 해왔으나 성악을 접한 이후로 마음의 위로가 되고 힘이 솟는 자신을 발견했다. 딸은 노래를 부르게 해달라고 애원하고, 어머니는 졸업하면 어떻게 살아갈 것이냐며 대립한다. 아버지는 자식 셋 키우면서 하고 싶은 것만 하면서 살지 않았다고 타이르면서도, 시대가 바뀌었으니 자식이 꿈꾸는 길을 가게 하자며 아내를 설득한다.

부모와 자식은 생의 방식이 다르다. 어머니에게는 탄탄한 직장의 안락한 삶이 중요하고 딸은 불안하더라도 꿈을 향한 길을 걷고 싶다. 두 사람의 대척은 평행선을 달리며 끝이 보이지 않는다. 오늘도 어느 가정에선가 치러지고 있을 부모 자식 간의 팽팽한 전쟁일 것이다. 몸이 약한 딸에게 지긋지긋한 가난을 물려주기 싫고 부모의 못 배운 한까지 풀어주길 기대하는 마음이 자식이 원하는 성악을 모른 척하게 했을 것이다. 혹여 딴따라라 손가락질받을까 염려도 했으나 결국 마음을 열어 딸의 꿈을 응원한다.

'또와상회'를 보며 오래전 보았던 영화 '호밀밭의 반항아'를 떠올린다. 주인공 샐린저가 대학으로 돌아가서 작가가 되겠다고 말하자 아버지는 재능이 있다고 해도 글로 먹고살 순 없다며 "고기와 치즈 유통은 우리 집안을 먹여 살렸다. 너도 베이컨 왕이 될 수 있어."라고 아들의 꿈을 꺾으려 했다. 그러나 아들이 작가로 유명해진 후 아버지는 속내를 밝힌다. "어렸을 때 난 피아니스트가 되고 싶었어. 피아노 치는 게 너무 좋았거든. 근데 랍비인 아버진 걱정이 됐던 게지. 그래서 피아노를 못 치게 하셨어." 부모는 자식을 위해서 그들이 하고 싶은 일이 있다는 것을 알지만 생활이 궁핍해질까 봐 그 꿈을 말릴 수밖에 없다며 항변한다.

'또와상회'는 진상우 감독이 연출한 첫 영화다. 목포 근현대사 박물관 앞 '로망스의 여인들'에서 그를 처음 만났다. 두 눈에서 맑은 광채가 품어져 나오는 예사 청년이 아니었다. 운동선수처럼 건장한 남자가 들어서는데 손님 없던 카페가 그로 인해 가득 차는 듯했다. 그는 목포인의 삶을 쓰고 싶었단다. 이제 막 시나리오 작업을 끝냈다며 연출해갈 계획을 밝히는데 한여름 뙤약볕이 내리쬐듯 말에 기가 서렸다. 자신감을 내비치며 쏟아내는 말에서 어린 나이지만 무수한 경험을 겪으며 단단해진 젊은이라는 걸 알아볼 수 있었다.

학창 시절 그는 꿈이 없는 아이였다. 놀이와 재미만을 찾아 빈둥거리는 아들을 보며 그의 어머니는 중대한 결단을 내렸다. 그녀는 아들의 동의 없이 필리핀 어학연수 프로그램을 계약하고 겨울방학이 되자 무조건 비행기에 태웠다. 사람은 집을 떠나면서 철들어간다던가. 진 감독은 홀로 타국 생활을 하며 자신을 돌아보게 되었고 변화하기 시작했다. 돌아와서는 배우라는 꿈을 키웠다. 밀양 연희단 거리패에서 연기 수업을 받으며 단원 활동도 했다. 용돈이 안 되는 월급이었으나 하고 싶은 일을 할 수 있었기에 열정으로 버텼다.

그는 현재 목포 갯돌극단 배우다. 무대에 설 기회를 찾아 선배의 권유로 낯선 목포까지 건너왔다. 영화 '또와상회' 주인공 정현은 자신의 꿈을 위해 가족과 끊임없이 대화를 시도하고 결국엔 지지를 얻어낸다. 진 감독의 양친도 여느 부모들처럼 자식이 안정된 직장을 갖길 원했지만 진 감독은 막무가내로 밀어붙여 배우의 꿈을 찾았다.

소수의 인원으로 여러 작품을 공연하다 보니 한 사람이 맡아야 하는 일은 다양하다. 네 일 내 일 가리지 않고 다른 이들의 일손을 돕는 경우도 비일비재하다. 그도 배우이면서 소품 담당이다. '개항장거리극'에서는 거지로 분하고, '우끼는 패션쇼'는 양복을 멀끔하게 차려입고 사회를 본다. '청춘연가' 속 부잣집 아들 역할은 준수한 외모 덕에 썩 잘 어울린다. 철저하게 준비하고 연습하지 않으면 공연이 삐걱거린다. 덤으로 무거운 책임감도 가져야만 한다. 한동안 서울로 진출하고 싶었다. 배우라면 지방 극단에서 연기하기보다 중앙 무대로 올라가려는 목표를 가질 것이다. 또래들이 중소기업을 외면하고 대기업이나 공기업을 선호하는 마음과 같다. 이제 진 감독은 오히려 다행으로 여긴다. 이끌어주고 응원해주며 새로운 일에 적극적인 도움을 주는 극단 식구들이 있어 더 나은 사람으로 성장해 가는 자신을 발견하였기 때문이다.

처음은 누구에게나 설렌다. 더불어 부족한 부분을 깨닫게 한다. '또와상회'는 비록 유튜브 채널로 발표한 영화지만 작품 연출을 위해서 치열하게 연구하며 공부해야만 했다. 스스로 얼마나 덜 채워졌고 익혀야 할 것이 많은 사람인지를 절실히 알게 되었다. 이제 한 걸음 뗐다. 입신의 계단을 오르는 일은 지난한 과정이다. 삶이란 한 계단 올랐다 싶으면 그 자리에서 맴돌기 일쑤다. 오히려 뒤로 물러서기도 한다. 하고 싶은 일을 찾기도 어렵지만 찾았다고 모두 성공이 보장되진 않는다. 세상은 배우며 노력하는 자 중에서 가장 윗자리를 설핏 보여주기도 한다. 그런 의미에서 영화 '또와상회'는 진상우 감독에게 주춧돌이다.

"아무 보상이 없어도 이제 평생 글만 쓰겠어요."라고 말한 영화 속 샐린저처럼 아무런 대가 없어도 하고 싶은 일을 할 수 있다면 그것이 진정한 꿈이지 않을까. 이십 대의 청년에게서 잊었던 첫 설렘을 일깨운다.

맛, 맛, 맛

그가 길모퉁이에 서 있다. 초면이지만 한눈에 알아본다. 인사를 하는 둥 마는 둥, 만나자마자 안내한 곳은 오징어물회 식당이다. 어둠을 벗 삼아 긴 시간 운전하고 출렁거리는 여객선을 타고 오느라 남은 기운마저 모조리 소진했는지 의자에 앉는 소리까지 지쳤다.

특별한 기대치는 없었다. 육지에서 얼마든지 먹을 수 있는 음식인지라 그저 때를 놓쳐서 숟가락을 든다는 생각이다. 그러나 그릇 안에 빙수처럼 쌓아놓은 재료를 살살 휘저어 입에 넣는 순간, 불그레한 양념의 새큼한 맛이 찬 얼음과 뒤섞여 침샘을 자극한다. 달콤한 팥빙수와는 또 다른 쫄깃한 식감의 오징어물회에 두 눈이 번쩍 뜨인다. 물회는 입안 구석구석을 감치더니 잠든 오장육부를 깨운다. 뱃멀미로 속이 불편하다던 이들도 그릇이 바닥을 드러낼 때까지 고개를 들지 않는다. 먼 길 오느라 처지기 쉬운 식욕을 돋우는 도동항의 첫맛이다.

제대로 된 항구와의 인사는 다음 날 이루어졌다. 새벽 4시. 숙소에서 나와 광장으로 들어서는데 어디선가 웅성거리는 기척이 느껴졌다. 어둠을 밀어내는 가스등 불빛 몇 개가 눈길을 잡는다. 마치 기다란 객실을 따로따로 떼어다가 열 맞춰 세워둔 것 같은 기차 모양의 가게들이 줄지어 서 있다. 도시의 포장마차보다 작은 규모이면서 한창 유행하던 푸드트럭도 아니다. 소리가 들리지 않았다면 스쳐 지나갈 뻔했다.

"따뜻한 커피 한잔하세요. 더덕주스도 갈아드려요. 방금 구운 말랑말랑한 반건조 오징어도 맛보세요."라며 호객을 한다. 흘깃 뒤돌아보았으나 말 없는 자동차들만 보일 뿐 사람은 우리 일행이 전부다. 아직 동쪽 하늘은 깨어나지 않았고 마을은 깊은 잠에 들었는데 누구를 위해 이분들은 잠을 미루고 나왔을까. 더덕주스를 주문해본다. 집에서 미리 껍질 벗겨 손질해왔다. 썰어둔 더덕을 손으로 가득 집어 믹서기에 넣는다. 척척 빠르게 갈아주던 카페의 젊은 직원들에 비해 기계를 돌리는 손놀림이 조금은 더디다. 멍하니 그 과정을 지켜보는데 잽싼 속도보다 느린 템포가 더 편안하다. 우유처럼 뽀얀 액체가 만들어진다. 주인은 둥근 컵에 담아 건네며 살갑게 말을 붙인다. 향과 쓴맛이 없어 담백한 맛만큼이나 말인사 또한 산뜻하다. 도동항에서 새벽을 여는 소리 맛을 만났다.

　몇 발자국 떨어진 곳에 뱃머리가 부산하다. 불빛을 받아 흰 머리가 빛나는 남자와 검은 점퍼가 썩 잘 어울리는 젊은이가 쉼 없이 상자를 내린다. 그 곁에서 상인들이 흥정을 한다. 밤새 나갔던 오징어잡이 배가 들어온 모양이다. 열댓 사람이 어수선하게 움직이는가 싶더니 이내 하나둘 자신들의 몫을 끌고 사라진다. 어판장 안은 대낮처럼 불을 밝히고 밤을 잊은 듯 소란스럽게 북적인다. 밖에도 서너 명의 아주머니들이 가로등 불빛 아래서 오징어 몸통을 가르려고 쪼그려 앉는다. 아직 씨알이 작은 오징어는 어른 손바닥만 하다. 숙련된 그들의 손에 들린 오징어 한 마리는 가지고 간 더덕주스를 한 모금 삼키기도 전에 몸체와 내장이 분리된다. 날쌘 무사의 칼솜씨가 이보다 빠를까.

　근래에는 근해까지 중국 배들이 올라와 어린 오징어까지 싹 쓸어간다고 한다. 때문에 정작 동해안 오징어가 귀해졌다는 어민들의 푸념 소리가 크다. 그렇게 잡아간 오징어를 우리나라에 싸게 되팔아 이득을 보는 줄도 모르고 마트에서 가격이 저렴한 것들만 골라 집어 들었다. 중국 배들은 오랫동안 머무르며 조업하느라 가까운 울릉도에 자주 찾아올 수밖에 없다. 그들이 왔다가 돌아갈 때는 배에 쌓아둔 쓰레기까지 몰래 버리기에 주민들의 골칫거리라는 원성도 들린다. 울릉도에 와서야 쉽게 사 먹던 오징어가 소비자 손에 들어오기까지 어민들의 남모르는 고민이 많았다는 사실을 알게 되었다.

식당으로 들어가 오징어회와 내장탕을 주문한다. 오징어가 가는 길은 서해부터 동해까지이다. 먹이 찾아 먼 거리를 돌아다녀서인지 몸통이 군살 없이 매끄럽고 탱글탱글하다. 바다에서 잡아 올린 그날 바로 손질해 말리기 때문에 울릉도 건조 오징어 맛을 최고로 쳐준다. 눈앞에서 껍질까지 벗겨내어 얇게 채 썬 오징어회는 초고추장 없이 먹어도 달큰하다. 식탁 한쪽에서는 하얀 내장만 가져와 각종 채소와 끓이는 오징어내장탕이 보글보글 소리를 낸다. 지난밤에 마시지도 않은 숙취까지 풀어헤친다. 입보다 먼저 눈 맛을 보는 도동항의 아침이다.

마을 길은 곧게 뻗은 부분이 없다. 어디를 걸어도 오징어 다리가 꿈틀거리듯 구부러졌다. 보였다 숨었다가를 반복하니 앞서가던 사람이 순식간에 눈앞에서 사라지기 일쑤다. 다행히 미로처럼 복잡하지 않아서 어느 길이든 항구 광장에서 만나진다. 다랑이논에서 벼들이 뿌리를 내리듯 집들은 앞뒤 담벼락을 서로의 의지처로 삼았다. 빠끔히 창문을 열어놓고 말린 명이나물과 부지깽이나물을 파는 가게도 지나고 마가목 씨앗을 틔워 벽

한 면을 모종 화분으로 세워 둔 골목도 거쳐 내려간다. 제 자리로 돌아와 여객터미널 지붕 전망대로 오른다. 전망대에서 바라보니 영락없이 부뚜막 위의 가마솥 형상이다. 항구를 들락거리는 배들은 불쏘시개들 같다. 오징어잡이 배가 들어오면 어판장이 불을 지피고, 여객선이 당도하면 사람들의 열기로 불꽃이 인다. 두꺼운 가마솥에서 오랫동안 우려내는 먹을거리는 가벼운 인스턴트식품이 메우지 못하는 마음까지 가득 채운다. 가마솥 음식을 두고 도시로 되돌아가야 하는 발길이 무거운 것은 나만 아닌 듯하다.

  그는 도동항 지킴이다. 노모를 돌보며 타지에서 찾아오는 여행객들에게 편안한 잠자리를 내놓는다. 울릉도 여행 마지막 날, 그가 얼큰한 라면을 준비했다. 그의 어머니 손맛으로 익힌 묵은지 한 포기와 적당히 삭은 파김치를 접시에 담고 고추와 대파를 썰어 라면을 끓인다. 면발보다 오징어가 더 많이 들어간 라면은 도동항에서 먹었던 모든 맛을 잊게 한다. 진정한 입맛이다.

  일상을 벗어나 새로운 여행지에서 사람 맛을 느낀다면 그곳은 기억에 남는 장소로 변한다. 우리는 가끔 그 맛을 찾아 떠나고 싶어진다. 세상살이가 힘들 때면 도동항의 맛을 떠올릴 것이고 그 기억이 한동안 내 삶을 지탱해 주리라 믿는다.

제2부
다리를 세우다

헛담
뿌리, 피다
몸의 언어
정상입니다
쇠꽃
다리를 세우다
소리자루
천지, 열리다
탈을 쓰다
이렇게 어려워서야

헛담

솟을대문 거북 둔테에서 빗장이 열린다. 광거당 육중한 나무문이 옆으로 비켜선다. 당연히 탁 트인 마당이 반기리라 상상하며 안으로 들어섰는데 질박한 담이 가리고 섰다. 여느 담처럼 사방으로 둘러치진 않았다. 대문짝만한 담벼락은 무논에 벼 심듯 깨진 기와를 흙과 섞어 열 맞춰 쌓았다. 처음 눈길이 머무는 곳에는 굽은 기와 조각을 박아 소담스럽게 꽃 한 송이를 피웠다. 설핏 보면 도도한 물결 따라 꽃송이가 떠다니는 그림 한 폭 걸어둔 것 같다.

헛담이라 했다. 낮은 토담 덕분에 건물 안에서는 대문을 드나드는 이들이 보이지 않고 들어서는 이는 지붕과 누마루가 보일 뿐 안의 풍경을 가늠할 수 없다. 안과 밖이 마주치지 않으니 담

곁에서 옷매무시를 만지고 헛기침 소리라도 내어주는 여유를 가질 수 있다. 담을 끼고 몇 걸음 걸으면 그제야 정원이 열리고 '수석과 묵은 이끼와 연못이 있는 집'이라는 현판이 선명하다. 팔월의 뙤약볕은 마당으로 바싹 다가섰고 이글거리는 불볕에 배롱나무 붉은 꽃이 타들어 간다. 회화나무는 우물 뚜껑을 자수판 삼아 노란 꽃잎을 쏟아내기에 바쁘고 익기 전에 떨어진 연두 풋감이 흙담 아래에서 나뒹군다.

 망망대해에 떠 있는 듯한 삶이 젊은 날에 있었다. 지하도에서 상담으로 생계를 이어갈 때 계단 아래로 불어오던 휑한 길바람은 매서웠다. 지나는 이들의 힐끗거리는 눈길이 부끄러워 어딘가로 숨고 싶었고 혹여 누군가 알아볼까 봐 전전긍긍하였다. 궁여지책으로 기다란 우산을 준비해 두었다가 상담을 시작하면 앞을 가렸다. 목수 일을 하는 손님이 합판 두 장을 자르고 아래에서 떠받칠 수 있도록 두툼한 나뭇조각에 홈을 파서 가져왔다. 지하도 벽을 등지고 양옆으로 합판을 일으키니 근사한 헛담이 만들어졌다. 비록 덩그러니 길바닥에 놓였지만 그 안에서 추위도 피하고 마음 편히 상담을 할 수 있었다. 움직이는 헛담은 신고 다녔다.

 길바닥은 오물이 내려앉고 흙먼지가 떠돌았다. 사람들은 그저 길거리에 앉았다는 이유만으로 업신여기거나 가볍게 대하곤 했다. 가끔 술에 취한 이들이 시비라도 걸어오면 속수무책이다. 그럴 때마다 가까운 곳에 계시던 스승님은 단숨에 달려와 믿음직한 방패막이가 되어 주었다. 지인들은 따끈한 어묵 국물을 사 들고 오거나 맛난 김밥을 말아와 신문지 한 장 펴 놓고 길바닥에서 서슴없이 나와 함께 먹었다. 지하도를 벗어나면 직원을 거느린 당당한 사장님이거나 제자로부터 존경받는 선생님으로 불리는 이들이다. 삶은 비록 내리막이었지만 그들은 나의 곁을 둘러싼 헛담 역할을 자청했다.

  어느 날 찾아간 친구 사무실 책상 주변으로 칸막이가 설치되어 있었다. 나지막하지만 앞 책상과 옆 사람 사이를 충분하게 분리해 주었다. 친구는 사적인 공간이 생겼다면 무척이나 들떠했다. 순간적으로 떠오르는 아이디어나 처리해야 할 일정과 연락처 등을 메모지에 적어 칸막이 벽면에 붙여두며 활용하였다. 외부인에게 보이면 안 되는 중요한 파일도 켜 놓을 수 있어 편리하고, 허리만 일으켜도 한눈에 보이는 동료들과 얼마든지 의견을 나눈다 했다. 따로 또 같이 일하는 일터였다. 길바닥에서 올라온 후 조용한 사무실을 구하여 입주하였다. 상담실과 대기실이 필요했지만 방은 하나였다. 이 사실을 안 가까운 지인이 양면으로 된 특별한 책장을 짜서 선물해주었다. 사무실 헛담이 탄생되었다.

어깨를 감싸 안았던 날들이 아득하다. 숨어 있는 풍광을 찾아 떠나던 여행도 멈췄다. 뜻 맞는 이들끼리 한차를 타고 산이나 바다를 찾아다녔고 언제든 세상 이야기를 나누는 것이 당연했다. 마주 앉아 노래를 부르거나 때로는 춤을 추며 살아있음을 누렸다. 불과 얼마 전까지만 해도 누군가를 만나거나 거절하는 것은 각자의 선택이었다. 갑자기 찾아든 재앙은 사람과 사람 사이의 거리를 만들었다. 아이들이 뛰놀던 운동장이 텅 비었고, 머리 맞대던 수업은 거실 한쪽 컴퓨터 안으로 들어갔다. 달마다 토론하던 독서 모임도, 숨소리가 거칠어지도록 운동을 한 후 들이켜던 시원한 맥주 맛도 사라졌다. 낯선 이를 만나면 선뜻 다가서기보다 뒷걸음질 쳐야 하는 현실이다. 그리움을 꾹꾹 눌러대던 핸드폰은 점점 잠잠해져 간다. 밥벌이마저 사라진 거리는 한숨만 차오른다.

집을 나설 때면 마스크부터 집어 든다. 무심코 대문을 나섰다가도 뛰어서 되돌아오기 일쑤다. 미처 챙기지 못하면 바이러스를 퍼뜨리는 주범이라도 되는 양 흘기는 눈총을 받는다. 한여름처럼 숨이 턱턱 막히는 무더위에는 얼굴을 덮은 불편함이 이루 말할 수 없지만 백신과 더불어 건강을 지키는 유일한 가리개라 믿는다. 자신을 보호해 줄 현대판 헛담을 두르는 시대가 되었다. 사람을 대면하는 곳마다 헛담이 놓였다. 책상 위에 설치

된 투명 아크릴판은 학생들 사이를 띄어 놓고 관공서에 들어서면 가림막 너머 직원들과 볼일을 마무리 짓는다. 줄 서는 곳도 거리 두기를 실시한다. 바닥에 친절하게 발자국 스티커를 붙여 놓아 자연스럽게 간격을 두는 생활에 익숙해져 간다. 가림막 또한 전염병 시대를 건너가게 하는 헛담이다.

 그동안 '헛'이 붙은 것들은 진짜가 아니라 여겼다. 직접적인 돈벌이와 관계없는 일은 헛짓거리한다며 혀를 찼고, 매사에 실수라도 잦은 이에게는 헛똑똑이라며 고개를 내저었다. 애써 진행한 일에 보람이 없으면 헛수고였고, 만날 날은 정하지 않은 채 그저 언제 밥이나 먹자며 던지는 헛말은 공허했다. 그러나 인흥마을 광거당 헛담을 보고서 '헛'이라는 가짜가 결코 부정적인 뜻만 있지 않다는 것을 알았다.

 헛담은 아버지 등처럼 미덥다. 거센 세파는 막아서고 땡볕 같은 삶의 고단함은 가려주어 쉴 수 있는 그늘을 만든다. 있는 것은 지키고 너머를 꿈꾸게 한다. 때로는 슬그머니 휘어 돌아 다른 이보다 앞서려는 발걸음을 더디게 한다. 행여 지나는 길이 무료할까 봐 담벼락에 슬쩍 그림 한 조각도 그려놓는다. 산수화의 선이 여백을 만들 듯 헛담은 기역자로 꺾어 놓았을 뿐이다. 숨기지 않으면서도 통로를 열어 어느 한쪽이 갇히지 않도록 했다. 뚫고 넘어야 하는 벽이 아니라 자유로이 넘나들며 전체를 품는다. 헛담은 안채와 바깥채를 경계 지으면서 드나드는 이들이 서로 조심하도록 한 옛사람들의 배려였다. 기댈 언덕처럼 다붓한 헛담이라면 차곡차곡 쌓아도 좋으리라.

  모두들 공들여 쌓고 있는 덕분일까. 코로나 확진자가 줄고 있다는 소식이다. 그러나 아직은 팬데믹 상황이다. 헛담을 다잡아 세워 본다.

뿌리, 피다

잎꽃이 피었다. 발그레한 아기의 볼처럼 생글거린다. 녹차나무는 연두색, 단감나무는 노란빛으로 가벼운 눈인사를 건네는데 봄맞이를 서둔다고 마음이 앞선 것인가. 홍가시나무는 다짜고짜 핏빛 잎사귀부터 밖으로 내밀었다. 붉은 잎은 담장 위에서 봄 자락을 매만지고 농부는 빈 논에 물을 잡으려고 종종거린다.

 여수 묘도마을에 아침 해가 다다르면 물 찬 다랑이논에 선홍빛이 번진다. 멀리서 내려다본 논두렁이 구불구불한 나무뿌리를 닮았다. 가느다란 두렁은 가닥과 가닥이 합쳐져서 신작로가 된다. 큰길은 이차선 아스팔트 도로에서 뻗어 나왔고 갈라진 길 한쪽은 마을 안으로 굽이쳐 들어간 후 이내 끄트머리를 감추며 흐릿해진다. 길이 살아 있는 나무처럼 생명력이 느껴진다. 농부가 논둑길 여기저기 발걸음을 옮기며 물꼬를 돌본다. 물관의 물방울이 오르내리는 듯하다. 논두렁은 그에게 농사의 뿌리를 찾아가는 길이리라.

  봄바람이 간들대기만 해도 보드라운 홍가시나무 줄기가 좌우로 휘청거리더니 계절이 지날수록 벼락바람에도 꿈쩍이지 않을 만큼 다부져간다. 나무가 잎사귀의 붉은 색을 지우고 숨겨 두었던 초록 물을 끌어 올리면 다랑이논으로 이양기가 들어선다. 자판이 모니터에 줄 맞춰 글을 심듯 이양기는 무논에 구부러진 실선을 긋는다. 모판에서 옮겨진 모종은 낯선 땅으로 내던져져 이러지도 저러지도 못한 채 물결 따라 흔들리더니 모로 눕는다. 아직 뿌리 내리지 못한 것들은 어쩔 수 없이 떠밀리는 시간이 있기 마련이다. 넘어지지 않으려면 발끝에 잔뜩 힘을 주고 버텨야 한다.

  질퍽한 땅에서 굵은 뿌리를 내리지도, 깊숙이 들어가지도 못한 벼는 잔발을 사방팔방으로 보내어 부지런히 흙을 잡아 감는다. 한 줌이라도 더 움켜쥐어야 바람이 거세게 불어도 흔들리지 않는다. 아침저녁으로 실뿌리를 꾸준히 늘리며 낟알을 키워낸다. 무성한 잔뿌리는 주어진 환경에 맞추어 견디려고 애쓴 흔적이리라. 가을빛이 다랑이논에 도착할 즈음, 벼 뿌리는 태풍에도 끄덕하지 않을 정도로 두툼해지고, 논두렁은 샛노란 잎을 매달고 길게 누울 것이다.

　갈바람이 일면 남녘의 농군은 모래흙을 들여 삽목장을 만들고 홍가시나무 줄기를 자르기 시작한다. 묘목판에 꽂을 수 있는 것은 아무 가지나 사용할 수 없다. 그해에 새잎을 틔웠고 나뭇고갱이가 덜 여문 윗가지로만 고른다. 여름내 한껏 물이 오른 가지들이다. 사람이라면 청춘의 혈기 왕성한 때라고나 할까. 자칫 목심이 센 줄기를 이용하면 제대로 뿌리를 내지 못한다. 굳어진 틀을 뚫고 나오기란 쉽지 않을 테니까.

　가위가 주춤거려 줄기 아랫부분이 뭉개지면 아니 된다. 어미가 아기 새를 절벽에서 단호하게 밀치는 심정으로 단번에 잘라야 뿌리를 틔울 확률이 높아진다. 새로운 출발을 위해선 아픔도 미룰 일만은 아니다. 젓가락보다 가늘고 무른 줄기가 자신만의 뿌리를 깊게 내리면 아름드리 거목으로 자랄 것이다.

　서리가 내리기 전에 삽목을 끝내야 한다. 서너 개의 잎눈만 남기고 한 뼘 정도로 자른 뒤 삽수 끝에 물을 적셔 가지런히 묶고 준비해 둔 묘목판에 꽂아 비닐하우스 땅으로 옮긴다. 바람 한 점 통하지 않는 비닐 집이지만 또다시 겹겹으로 두꺼운 이불도 덮어준다. 검은 천으로 햇볕도 가려서 나무 잠을 재운다. 하나하나 농군의 손길이 필요하니 허리 한번 제대로 펴지 못하고 매달린다. 생명을 잉태시키는 일이니 정성이 듬뿍 들어간다.

  한 해 농사를 끝낸 논두렁은 누런 잎을 떨구고 밑동을 드러낸 채 봄을 기다린다. 겉으론 눈서리로 뒤덮인 황량한 땅인데 그 안에선 움트는 것들을 치열하게 끌어안는다. 홍가시나무 가지는 어둡고 축축한 흙 속에서 두 계절 동안 고독한 산고를 치른다. 이윽고 어미의 자궁에 생명이 자리 잡듯 줄기 끝에 팥알만 한 돌기가 맺힌다. 홀로 살을 찢는 고통을 감수하였으리라. 뿌리 내린다는 것은 지독한 기다림이다.

  나무줄기를 자르며 시골 삶을 꿈꾸던 때가 있었다. 삽목묘에 뿌리가 나고 잎이 돋으면 밑천 삼아 이사를 하리라 마음먹었다. 주말마다 긴 운전을 마다치 않고 삽목장을 돌보러 다녔다. 그러나 생이 어디 계획대로 흘러가던가. 생명을 틔우기에 눈 내리는 겨울은 혹독했다. 매서운 추위가 한차례 지나고 비닐 집을 들췄을 때, 모래흙은 초보 농군의 타들어 가는 심정 따윈 모르는 채 풀싹을 더 많이 올리고 있었다. 그 후로도 도시를 떠나는 꿈을 좇아 무던히도 오갔으나 결국엔 이주를 포기했다. 사람도 나무도 맨땅에 뿌리내리기는 쉽지 않았다.

  뿌리가 단단하지 않으면 줄기는 힘차게 뻗어나갈 수 없다. 가지에 병이 들면 뿌리 상태부터 살피게 된다. 사람 역시 한 사람을 알게 되면 그 사람의 마음 뿌리를 짐작해보곤 한다. 세상이 빠르게 돌아가는 요즘에는 제자리를 지키는 뿌리 깊은 나무에 기대어 잠시 가쁜 숨을 가라앉히고 싶다.

  농부는 구부정한 논두렁을 북돋우며 삶을 밀어 나가고, 삽목한 홍가시나무는 줄기에서 뿌리를 내려 붉은 잎꽃을 피운다. 뿌리 내린 것들은 앞으로 나아갈 힘을 가졌다. 내 삶의 뿌리는 얼마나 내렸을까. 인생사 돌풍이라도 불면 대책 없이 쓰러질 정도로 허약한 것은 아닌지. 누군가가 힘찬 발돋움을 하도록 밑받침 되어 준 적은 있었는지. 그런데 과연 뿌리라는 것을 내리기는 했는지. 문득, 보이지 않는 발아래가 궁금해진다.

몸의 언어

그녀가 둥근 단에 오른다. 두 다리를 비스듬히 구부리고 오른쪽 발꿈치만 떼자 버티고 선 종아리에 봄물 오르듯 팽팽하게 힘줄이 솟는다. 연이어 잘록한 허리를 들어 올리니 봉긋한 승선교가 완성된다. 견디기에 쉽지 않은 모양새다. 이번엔 갸름한 턱을 치켜들고 고개는 한껏 뒤로 젖혀 시선을 허공에 둔다. 양팔을 슬그미 오므려 곡선을 드러낸다. 스멀스멀 기어 나온 안개가 맨몸의 그녀를 감싸 안는다. 짧은 헤어스타일이 더욱 앳되게 보인다.

 생소한 광경이다. 그동안 공연장은 음악을 연주하고 노래 부르고 춤추며 연극을 무대에 올리는 곳으로 알았는데 오로지 작품 사진 촬영을 위해 이곳에서 누드모델이 자세를 취하고 있다.

백여 명의 관객보다 많은 카메라가 객석을 차지했고 곁으로 갖은 장비들이 널브러졌다. 촌각을 다투는 기자 회견장도 아닌데 모델의 머리카락 한 올이라도 더 담으려 자리다툼에 눈치 싸움이 치열하다.

 천장 빛은 내리쬐고 바닥 조명은 되쏘아 올린다. 그녀를 받아들인 검은 바다가 물결친다. 빛 속에 여신이 갇혔다. 장엄한 화음을 덧입히니 포세이돈이 일으킨 파도가 출렁인다. 아프로디테가 거품에서 태어난다. 실오라기 하나 걸치지 않은 몸이 꽃수놓은 비단옷을 입은 듯 광채가 난다. 모델은 손가락 끝 하나도 허투루 두지 않고 허리를 비틀고 어깨를 펼치며 숨은 곡선을 끌어내 보인다. 음악 두 곡은 듣는 사람에게는 순식간이지만 흐트러지지 않으면서 움직임 없는 굴곡을 유지하려는 그녀에겐 꽤 긴 시간일 것이다. 끊임없는 연습이 있었으리라. 무심한 표정은 속마음을 가늠하기 어렵다. 말 없는 몸의 언어를 카메라는 셔터 소리로 읽어나가기 바쁘다.

 그녀가 객석을 바라본다. 앵글을 통해 눈을 맞춘다. 스물예닐곱쯤으로 보이는데 어디서 저런 용기가 생겼을까. 누드모델로 서기까지 시련도 겪었겠지. 스스로를 알리는 시대라지만 대부분 민낯을 드러내길 꺼린다. 벗고 나선다는 것은 자신을 정면으로 마주한 자만이 할 수 있다. 직업에 귀천이 없다지만 사람들은 아직도 편견을 가진다. 누드는 별나거나 야하고 자극적이지 않을까라는 막연한 상상을 한다. 그러나 선입견을 제압이라도 하듯 그녀의 동작은 곧고 떳떳하다. 에어컨 바람에 몸이 굳었을 터인데도 아랑곳하지 않고 눈빛과 호흡을 가다듬으며 오롯이 작품을 위해 몰두한다. 진정코 오늘의 뮤즈다.

　작가들의 대화가 들린다. 모델이 관리를 잘해서 선이 유려하고 연기력도 뛰어나다며 옆 사람에게 한마디 건넨다. 괜히 내 어깨가 으쓱해지려는 그때, 다른 이가 말을 받는다. 긴 머리카락이 더 관능적인데 길이가 짧아 여성미를 느낄 수 없다며 혀를 찬다. 아무리 담력이 강하더라도 연약한 살결을 덮을 천 한 장 두르지 못한 모델은 미세한 속닥거림이나 스치는 헛웃음에도 몸이 움츠러들게 마련이다. 멋진 연기에 감탄하느라 생각지도 못한 말을 듣고 의아했다. 순간, 텔레비전에서 본 양궁선수 안산의 얼굴이 떠오른다.

　빗나간 틀을 가진 누리꾼들이 안 선수를 향해 시위를 당겼다. 그녀의 머리카락이 짧다는 이유에서다. 응원은 못 해줄망정 논쟁의 과녁으로 삼았다. 어렵게 딴 메달을 반납하라는 주장까지 나왔다. 좋은 성적을 내는 데 전념해야 하는 스포츠 선수에게 여성이라는 이유만으로 짧은 헤어스타일을 비난하는 행태가 이어졌다. 편견의 벽은 상식보다 높았다.

내 딸은 간호사다. 간호대에서 실습을 나갈 때나 병원 근무 중에는 언제나 머리에 신경을 썼다. 귀밑을 스칠 정도의 단발머리든가, 길면 둥글게 틀어 올려 머리망 안으로 밀어 넣고 다녀야 했다. 머리카락은 병원에서 엄격하게 통제했고 머리망은 필수품으로 여겼다. 간호사들도 당연히 그래야 하는 줄 알았다. 그러다 보니 딸의 약한 모발은 가는 핀으로 고정한 부위의 숱이 뭉텅이로 빠졌고 꽉 당겨 묶다 보니 두통을 달고 다녔다. 근무 연차가 올라갈수록 정수리가 휑해졌다. 결국 딸은 긴 머리를 포기했다.

병원에는 간호사 외에도 의사, 약사, 치료사, 병리사 등 다양한 직종이 근무한다. 그 여러 직업군 중에서 머리카락 길이를 제한하는 직종은 간호사밖에 없다. 아이들이 보는 그림책 속 간호사는 언제나 하얀 가운에 스커트를 입고 머리에는 백색 캡을 쓰고 있다. 남자 간호사 그림은 여태껏 보지 못했다. 응급상황이라도 발생하면 짧은 스커트에 스타킹까지 신고 뛰어다니기 힘들었을 것이다. 머리에 쓴 캡은 또 얼마나 거추장스러웠을까. 모발 길이가 간호의 질을 규정하지 않는다. 다행히 일부 병원에서는 머리망이 자율화되었다.

기준을 가지면 구분 짓는다. 다른 것을 틀렸다며 억압하면 폭력이 된다. 타인의 규제와 본인의 선택 차이다. 누군가의 외모를 두고 어느 누구도 감히 아름다움과 추함을 비평할 수 없으며 평가해서도 안 된다. 스포츠 선수는 최선을 다한 후 승패를 받아들인다. 아픈 이들은 간호사의 따스한 손길에서 위안을 받는다. 안산 선수는 짧은 머리카락을 문제 삼는 이들에게 "그게 편하니까요."라며 담담한 답변을 했다. 그리고 올림픽 금메달 3관왕의 위엄을 달성해 논란을 잠재웠다. 프로 모델은 있는 그대로의 모습에서 온 힘을 다해 자연스럽게 흐르는 몸결을 그려낸다. 값비싼 옷을 걸치고 두꺼운 화장으로 가리고 표정을 애써 숨겨 화려하게 꾸민다고 우아한 맵시가 만들어지지 않는다. 천리향과 찔레꽃은 나름의 향으로 봄을 물들이고 구절초와 억새는 각각의 몸짓으로 가을을 부른다. 존재하는 것들은 저마다의 색을 지녔다. 모두가 깎아놓은 듯한 조각상 몸매를 똑같이 표현한 작품이라면 금세 기억에서 잊힐 것이다. 보는 것 너머의 내면까지 헤아리진 못하더라도 보이는 대로만이라도 인정해주는 아량이 필요하다.

 음악이 바뀌고 그녀가 일어선다. 한 팔을 위로 뻗고 다른 팔은 뒤로 젖힌다. 다리는 금방이라도 발걸음을 뗄 것 같다. 아직 세월의 흔적을 쌓지 않았지만 영감을 주는 모델이 되려고 부단히 자세를 연구하고 반복을 거듭하며 자신을 몰아붙였으리라. 운동으로 다졌을 탄탄한 몸매가 당당하다. 핏빛으로 어둠을 밀어내는 태양의 경이로움에 가슴이 벅차오르고, 흰 눈을 뚫고 피어나는 노란 복수초의 생명력에 경탄한다지만 따뜻한 온기가 느껴지는 인간의 육체보다 더 아름다운 것이 있을까. 그 말을 전하려 혼신을 다하고 있다. 혼자서 너른 무대를 채운 그녀의 연출 따라 사진사들의 손놀림이 분주하다. 보조 출연자가 나신에 물감을 뿌린다. 초록 물을 들이고 붉은 도장을 찍으니 꽃송이가 무리 지어 피어난다. 만물을 품어 안은 여신마냥 한 그루 꽃나무로 그녀가 우뚝 섰다.

정상입니다

급하게 보내야 할 편지다. 다음날 도착하려면 마감 전에 등기 접수를 해야 한다. 우체국 안으로 뛰다시피 들어서 번호표를 뽑으려는 순간, 통로에 앉아 있던 남자가 부른다. 먼저 체온을 재고 방문 기록을 써야 한단다. 다급한 마음에 재빨리 얼굴을 측정기 가까이 대었더니 무심한 기구는 명쾌하게 내뱉는다.

"정상입니다."

익숙해져 가는 말이다. 건물로 들어가려면 발열 체크가 필수인 시대다. 처음에는 일일이 온도계를 이마에 대어가며 체온을 확인하고 기록하더니 언제부턴가 기계가 사람을 맞이한다. 불과 짧은 한마디지만 아직은 바이러스를 피하고 있다는 안도감에 마음이 편안해진다.

　호기롭게 사주 상담에 관한 책을 출간한 후 어설픈 글 때문에 어디론가 숨고 싶고 할 수만 있다면 발간된 책들을 전부 거둬들이고 싶은 마음이 간절했다. 고민하는 모습을 지켜본 지인이 수필 쓰기 교실을 알려주었다. 그저 글쓰기를 배우는 과정쯤으로 알았고 수필이 문학이라는 것도 모르는 풋내기였다. 수업 시간에 다른 이들이 쓴 정제되고 기품 있는 작품을 들으며 감탄하기에도 벅찼다. 사물에 대한 특별한 시선과 평범한 일상을 비범하게 그려내는 문장을 접하며 세상을 새롭게 바라보기부터 배워 나갔다. 용기 내어 짧은 글이라도 내는 날에는 선생님의 예리한 해석이 안이한 내 의식의 등줄기를 내리쳤고 감전이라도 된 듯 정신이 번쩍 들곤 했다. 그 맛에 제대로 잘 쓰고 싶다는 목표가 선명해지며 오히려 수필 문학에 더 깊이 빠져들게 되었다.

　시간은 글을 남겼다. 학기를 마칠 때마다 한두 편의 글이 모였고 가까운 이들에게 글 소식을 전했다. 꼼꼼히 읽은 지인들은 친절하게 감상평을 들려주었다. 내 글을 읽노라면 문장 흐름이 빨라서 숨이 차다, 살아온 삶이 거칠고 틀에 박혀서인지 해학과 여유가 없는 것 같다, 앞서서는 내달리는데 마무리가 빈약하다. 이음새가 끊기고 설명을 늘어놓아 매끄럽지 못하다며 문학적 소질이 없는 것은 아닌지 다시 생각해보라는 권유도 있었다.

한 사람 한 사람의 조언을 새겼다.

커피거리라는 새로운 문화가 생겼다. 경치 좋은 곳이나 옛 느낌이 살아있는 골목마다 소담한 카페가 늘고 있다. 한 집 걸러 하나씩 있는 가게 중에서 발길을 잡는 곳은 밖의 경관이나 간판이 이색적이다. 수필 또한 호기심을 일으키는 제목이 독자의 마음을 쉽게 연다. 첫 소절이 간결하고 강렬하면 선뜻 다음 문장으로 눈길이 옮겨진다. 주인 솜씨에 따라 커피 맛이 달라지듯이 소재와 어휘에서 참신한 향이 풍겨야 여운을 준다. 곁들여 내어놓는 디저트 한 조각이라도 남다르면 또 와야겠다는 생각이 든다.

수필 이론은 이해하겠으나 글쓰기 능력이 못 미친다. 앞서가는 수필가의 글을 읽으면 운동선수의 도움닫기처럼 힘차고 아픈 곳을 어루만지는 어머니 손길같이 따스하다. 산수화 한 폭을 보는 듯 담백하고 오래 묵힌 장으로 만든 음식처럼 맛깔스럽다. 과일마다 입맛이 다르듯 수필가마다 글맛도 다르다. 딸기를 갈아 넣은 스무디는 상큼 달달하고 얼음 동동 띄운 포도청은 새콤달콤하다. 알차게 채워주는 밤 맛이 있어 스산한 가을을 견디고 삭풍 부는 겨울밤 홍시는 이야기 맛을 돋운다. 내 글은 한여름 감또개로 떫고 풋내가 나서 덜컥 베어 물 수 없다. 주워 담아 아랫목 항아리에서 삭히어 겨우 간식거리로 내어놓고 있다.

사람들에게 자주 읽히는 작품이 나의 글과 무엇이 다른지 읽는다. 주제에 맞춘 구성이 바람에 구름이 흐르듯 자연스럽게 지나간다. 군더더기 없는 문장은 머릿속에 장면을 또렷이 그리며 은근한 감동까지 일으킨다. 비교하면 할수록 나는 무엇을 쓰려고 하는가를 묻게 되고 과연 이대로 써야 하는가라는 의문이 든다. 마음 한구석으로 절망이 비집고 들어온다. 한 편의 주제를 잡아 조각 천 잇대듯 글을 써보지만 앞뒤 색상 배열이 어긋나고 바늘 자국은 비틀거리며 볼품없이 투박하다. 속 타는 심정도 모른 채 빈 화면을 차지한 검은 막대만이 거대한 나무 둥치처럼 버티고 섰다.

파트리크 쥐스킨트의 《깊이에의 강요》를 만난 것은 그즈음이다. 소묘를 뛰어나게 잘하는 젊은 화가는 초대 전시회에서 어느 평론가에게 '작품은 재능이 있고 마음에 와닿지만 깊이가 없다.'는 말을 듣는다. 그 평론가는 악의적 의도는 없었고 그녀를 북돋아 줄 생각이었다. 그러나 평론가의 말은 사람들이 그녀의 작품을 바라보는 잣대가 되었다. '왜 나는 깊이가 없을까?'라는 질문에 빠져든 그녀는 깊이를 찾아 헤매다가 마침내 높은 탑 위에서 스스로 뛰어내렸다. 그녀의 깊이와 나의 여유가 겹쳐졌다. 그녀처럼 나 또한 다른 이들의 비평에 따라 방황해야 하는가를 되짚어보게 했다.

명리학을 처음 배울 때를 떠올렸다. 스승께 이론을 배우고 다른 일은 돌아보지 않은 채 역학책만 펼쳤던 시절이다. 학문의 열쇠를 찾기란 결코 쉽지 않아서 시간과 정성을 들여야 했다. 낯모르는 사람들을 응대해가며 상담하는 법도 오랫동안 익혔다. 허술한 지식과 익지 않은 경험으로 제대로 된 답을 주지 못해 돌려보내기도 하고, 기껏 상담은 끝냈으나 손님이 떠난 뒤에야 떠오른 생각으로 후회한 적도 많았지만 성실하게 노력해서인지 십여 년이 지나면서부터 조금씩 자리를 잡아갔다.

  선생님이 그어주는 긴 줄을 길잡이 삼아 광활한 글 숲 초입에서 내가 가야 할 글 길을 찾는 중이다. 세월이 흐른다고 더 나아질까 싶기도 하지만 오솔길로 들어섰다가 샛길로 빠지고 황량한 들길이 이어져 방향을 잃기도 하는 것이 초심자의 정상적인 발걸음일 거라 여긴다. 지인들의 기대치로 내 글을 평하지 않기로 한다. 망망한 글밭 한 귀퉁이에 키 작은 풀꽃으로 피었다 지더라도 눈살 찌푸리는 잡초만은 면했으면 한다. 삶을 단순하게 채우면 여유가 생길까. 글쓰기에 더욱 매달려본다. 소재 찾아 세상을 낯설게 바라보고 옛글 속으로도 들어간다. 어찌 하루아침에 나아지겠는가. 더디더라도 꿋꿋하게 걸어갈 수밖에.

  갑자기 닥쳐온 재앙 때문에 모두들 눈물이 날 만큼 어렵다. 옆 사람을 붙잡고 하소연이라도 하고 싶지만 너나없이 겪는 일이기에 그럴 수도 없다. 언젠가 끝이 나리라 여기며 버틸 뿐이다. 이럴 때는 누군가 알아주는 것만으로도 도움이 될 때가 있다. "참아내느라 고단하지?"라며 품어주는 마음에 억눌렸던 설움이 툭 터지기도 하고 말없이 쓰다듬는 손끝에서 삶의 이유를 찾기도 한다. 이제는 어디 가나 입구에 선 기계마저 인간을 토닥이고 있다.

'당신이 지금 힘든 것은 정상입니다. 그러나 조금만 더 견뎌 봅시다.'라고.

쇠꽃

펜끝에 힘을 싣는다. 이 년째 아침마다 책을 두 장씩 필사한다. 문장을 익히며 제대로 읽어보자며 시작했다. 철심이 나아가며 줄 공책을 채우는 모습은 빈 논에 볏모를 심는 일처럼 정성스럽다. 글을 따라 쓰면서 문장의 구성과 행간의 의도를 파악해본다. 눈으로만 읽는 것보다 오래 기억하고 글쓰기 공부에 도움이 될 듯하여 번거롭지만 베껴 적는다.

근래에 옮겨 쓴 책은 김진명의 소설 《직지》이다. 김훈 작가의 산문을 시작으로 주역 해설서 한 권을 끝낸 후 소설도 따라 써 보기로 했다. 필사야말로 최고의 정독법이라며 아들과 며느리에게 필사를 시켰다는 조정래 작가의 말이 생각나서이다. 유명 작가들의 문학관에 가 보면 그들의 육필원고를 쉽게 볼 수 있다. 내가 읽는 한 권의 책이 작가의 펜 끝에서 피워올린 쇠꽃이라는 것을 원고지 뭉치가 알려준다. 인쇄된 책을 읽고 글을 옮기면서 작가가 견뎠을 인고의 시간들을 생각한다. 그 작은 펜촉의 위대한 힘이다.

조선 왕 세종은 양반층이 글과 학문으로 평민들을 수탈한다는 사실에 눈을 떴다. '백성들에게 글을 만들어주자!' 이 대목을 적으며 우리에게 세종대왕이 없었다면 어땠을까 상상해 보니 아찔해진다. 사대부가 계속적으로 권력을 행사할 수 있었던 것은 지식을 독점해서였다. 지금은 자유롭게 읽고 쓰는 한글이 활자로 우리에게 오기까지 많은 희생이 있었다는 것을 소설은 주제로 다루고 있다. 누구나 언제 어디서나 휴대전화만 켜면 지식을 공유할 수 있는 세상에 산다는 것이 새삼 귀하게 느껴진다.

순전히 '직지' 때문에 청주를 찾았다. 청주는 금속활자본 '직지'가 인쇄된 흥덕사지가 있는 곳이다. 지금은 그 자리에 고인쇄박물관이 있다. 금속활자장이 꼬박 오 년 동안 삼만여 자를 복원시킨 활자본이 반겼다. 소설은 조선인 주인공 '은수'가 금속인쇄술을 서양에 전하는 것으로 설정되어 있다. 김진명 작가는 작품을 통해 독일 구텐베르크의 '42행 성서'보다 칠십여 년 앞서 '직지'가 인쇄된 것이며 우리나라가 금속활자 발명국이라는 자부심을 일깨워준다.

금속활자본 '직지'의 본래 제목은 '백운화상초록불조직지심체요절'이다. 학생 때 점수를 잘 받기 위해 외웠을 뿐 살면서 나와는 전혀 관계없을 것 같았던 책이다. 시험이 끝난 후 언제 외웠냐는 듯 잊혔던 이름이 이제서야 마음 안으로 들어왔다. 알면 보이고 보이면 사랑하게 된다는 말이 사실인가 보다. 인쇄술에 관심이 생기니 쇠 가지에 달린 활자 이름도 알게 되었다.
　이곳 박물관에서 '활자나무가지쇠'를 직접 보았다. 금속활자 주조법에는 주물사주조법과 밀랍주조법이 있다. 주물로 활자를 만드는 과정은 매화가 꽃을 피워내는 모습을 상상하게 한다. 가을에 잎사귀를 모두 떨어뜨린 마른 가지는 어디에도 생명력이 느껴지지 않는다. 그러나 일출 방향이 달라져 봄 햇살이 퍼지면 땅속의 물이 녹는다. 뿌리의 물을 끌어 올리기 시작한 나뭇가지가 물관을 따라 피돌기를 하면서 여기저기 꽃눈을 내보낸다. 금속활자장은 나무에 글자를 새겨 어미자를 완성한 후 주물사 거푸집 홈 안으로 뻘건 쇳물을 흘려보내 활자를 제작한다. 매화 가지에 잎사귀도 없이 꽃이 줄지어 터지듯 활자가 쇠 가지 양옆으로 굳어지면 가지에 열린 꽃처럼 생겨서 '활자나무가지쇠'라고 부른다. 밀랍주조는 밀랍자를 석고로 덮고 열로 밀랍을 녹인 후 생긴 공간에 쇳물을 부어서 만든다. 둥근 몸통에 마치 배롱나무 붉은 꽃들을 빙글빙글 돌려가며 꽂아놓은 모습이다. '직지'는 쇠 가지에 열린 글자로 피운 쇠꽃이었다.

  종이 위에 글은 인쇄기기를 거친다. 필사라는 방법이 있지만 대량 생산의 한계가 있다. 인쇄기술은 인쇄문화를 이끌었다. 쇳물을 부어 만든 활자는 책이라는 지식의 자식을 낳았다. 나는 그동안 꽃을 대하면 꽃의 아름다움부터 보곤 했다. 한 송이의 꽃이 피기까지 타는 갈증과 차가운 바람비를 견뎠다는 사실을 지나치듯이, 한 권의 책 속에 작가의 인고의 노력이 있었고 오랜 인쇄기술의 발전이 있었다는 사실도 잊었다. 쇠 가지에 달린 글자들은 글 뜻을 깨친 사람들이 세상을 살아가는 데 도움을 주었으며 다음 세대를 위한 밑거름이 되어 주고 있다.

  삼 년째 백일동안 백 권 읽기에 도전 중이다. 단시간에 집중적으로 읽어보자며 시작했다. 잠시 다른 일들은 미루고 자기계발서, 경제서, 역사, 철학서, 문학, 독서법에 관한 책 등을 읽었다. 처음 몇 권은 잘 지켜지더니 점점 읽는 속도가 늦어졌다. 결국 첫해부터 백일동안 읽기는 실패하고 다섯 달에 걸쳐서야 끝낼 수 있었다. 작년에는 여섯 달이 걸렸다. 비록 날짜는 늦춰졌지만 읽은 책이 백 권을 넘어설 때마다 조금씩 세상이 달라져 보였다. 덤으로 책을 읽으면서 사람과 사물에 대한 다양한 관점까지 가지게 되었다.

  정교한 활자는 쇳물을 녹이고 다듬는 지난한 과정을 잘 견디어야 얻을 수 있다. 내 독서도 필사를 하며 정독해 읽고, 작가의 체취가 있는 문학관을 찾아가고 작품 속에 등장하는 장소를 여행하며, 온몸으로 읽는 아날로그 방식일 것이다. 몸으로 체득한 내용은 정신의 자양분이 되어 준다. 책을 읽으며 생각이 단단해지고 그 안에서 글꽃이 자란다.

삶도 쇠 가지에 활자를 하나씩 만들어 내는 과정이다. 나는 매일 어떤 글자를 만들고 있을까. 사람들은 모두 자신만의 활자로 인생을 조판해 나가는 삶의 작가들이 아닌가. 작가의 글이 인쇄되어야 작품으로 엮이듯 하루하루가 모여 삶이라는 거대한 책을 찍어가고 있는 듯하다. 내가 조판하는 인생 위에도 근사한 쇠꽃 한번 피워보고 싶다. 그리하여 오늘도 정성껏 공책에 필사를 한다. 백토에 쇠꽃이 피어오른다.

다리를 세우다

밥상 다리를 편다. 툇마루에 밥상이 놓이면 배추김치, 오이 생채, 콩나물무침을 얹는다. 수저 세 쌍도 자리를 잡는다. 군침 돌게 끓인 문어 짬뽕이 올라온다. 음식이 차려진 밥상을 한 차례 찍은 후 출연자들은 빙 둘러앉았다. 배우들 입에서는 "맛있다" 소리가 연발로 나온다. 철재 상다리를 한 개 한 개 펴다가 뚝딱 상을 놓는 화면이 스치듯 지나갔는데 오랫동안 잔상이 남는다. 식탁 생활을 하며 잊고 살아 온 시간을 텔레비전 속 밥상 다리가 소환한다.

이 년 동안 매일 철재 상다리를 펼치던 시절이 있었다. 생계를 이어가야 할 가장으로 두 딸의 학비와 입에 들어갈 쌀이 필요했다. 명리학 공부를 몇 년 동안 해왔으나 실력은 부족했고 뭐라도 해야 했기에 길바닥으로 사주 상담을 하러 내려갔다. 그러나 젊은 여자가 길거리에 앉는다는 것은 여간 고생스럽고 창피스러운 일이 아니었다. 아직은 수치심을 감수해야 하는 풋내기 상담가였다.

지하도에 도착하면 주변 청소부터 했다. 올라오는 먼지와 한기를 차단하기 위해 모아 온 신문지를 몇 겹이나 깔았다. 비록 찬 바닥이었지만 그 위에 돗자리를 얹은 후 방석을 덮고 철재 다리를 펼쳐 상을 놓았다. 상다리는 쉽게 접고 펼 수 있으며 어디라도 들고 다니도록 가벼웠으나 상담 자리를 만드는 일련의 과정은 엄숙하고 경건했다. 시작하는 마음은 늘 긴장됐다. 새로운 사연을 만날 기대를 하면서도 별 탈 없이 일과가 마무리되기를 기도하는 시간이었다.

네 개의 철재 다리와 합판을 얹은 접이식 상이었다. 곡선을 이룬 굵은 상다리는 마치 배흘림기둥처럼 보였다. 손으로 오므렸다 폈다 하는 틈이 있고 땅에 닿는 부분에 이르면 철사를 통째로 구부려 중심을 잡게 만들었다. 단순하면서도 튼튼한 구조이다. 세상일이 이렇게 간편하다면 무수한 걱정거리도 줄어들 것 같다. 다리를 세운 후 천으로 덮어 탁자를 완성했다. 휑한 거리에 상 하나가 펼쳐지는 순간, 그곳은 좌판에서 즉석 사주 상담을 해주는 공간이 되었다. 글을 쓰고 책을 읽고 손님을 대하는 동안 천 아래 보이지 않는 철재 다리는 내 몸을 기대는 버팀목이 되어 주었다. 부끄럽고 초라한 바닥 생활이지만 반듯한 상이 펼쳐져 있기에 허리를 곧추세워 앉아 있을 수 있었다.

생계를 해결하며 실전 경험을 쌓아갔다. 일면식도 없는 사람들의 사주를 읽고 고민에 대한 답을 주며 상담료를 받았다. 대부분 길을 지나가다가 우연히 나를 발견하고 앉기 때문에 상담 시간이 늘 촉박했다. 답변이 조금이라도 자신들의 마음에 들지 않으면 면박을 주기도 했다. 신속한 상담을 위해서는 순발력이 필요했고 역학 공부도 부지런히 해야 했다. 자연히 실력이 향상되어 갔다.

스승의 권유가 있었다. 길거리로 내려가 어려운 사람들의 이야기를 들어주면서 명리학 공부를 다져보라는 조언이었다. 그러면서도 젊은 여제자를 걱정하셨다. 제대로 앉을 자리가 주어지지 않아 몇 군데를 쫓기며 전전하는 동안 행인의 시비가 있다든가 주변 상인들의 텃세에 말려들면 누구보다 먼저 달려와 주셨다. 스승께서는 제자의 공부가 바로 서도록 가르쳐야 하고 제자는 스승을 뛰어넘도록 노력해야 한다며 자신을 넘어서는 역학인이 되기를 원하셨다. 제자가 자신만의 학문 밥상을 잘 차렸으면 하는 마음으로 스스로 상다리 역할을 자청하셨다. 그런 스승의 견고한 뒷받침으로 명리학이라는 거대한 학문의 강을 조금씩 건널 수 있었다.

  길 건너에 큰딸의 고등학교가 있었다. 딸의 친구들은 지하도를 건너다녔고 하교 때나 주말이면 지나가다가 깍듯이 인사까지 했다. 큰아이는 한창 멋 부리고 자존심 세울 나이였다. 길거리 좌판의 엄마가 부끄럽기도 했으련만 일과를 마치고 상을 접는 시간이면 종종 도와주었다. 하루종일 먼지 속에 앉았던 엄마를 위해 상 위의 물건들을 정리해서 가방에 넣어주고 바닥에 깔린 신문지를 거두었다. 중학생이던 둘째는 계단 입구로 내려오면서부터 큰 목소리로 엄마를 부르며 안겨 왔다. 딸들에게 지하 바닥은 엄마의 일터로 당당했다. 두 딸과 함께 상다리를 나눠 들며 계단 위로 올라왔다. 아이들은 언제나 내 삶의 양쪽 기둥이 되어 나를 받쳐주었다. 딸들을 생각하며 이 년이란 시간을 냉혹한 지하 바닥에서 버텨내었다.

  접이식 상은 직장 생활을 시작하던 자취방에서도 사용했다. 평소에는 방 한쪽에 다리가 접힌 채 세워져 있다가 밥을 먹을 때는 식탁이 되었고 글을 쓸 때는 단단히 책상 역할을 하였다. 방 한 칸, 부엌 딸린 자취방에서는 고급스러운 교자상보다 싸고 간편한 접이식 상이 어울렸다. 교자상은 상판과 다리가 질 좋은 나무로 만들어져서 우아한 멋이 있으나, 내 상은 플라스틱 재질에 철재 다리를 사용해서 가볍지만 미적 감각은 없었다. 편의성

만을 고려한 디자인이다. 그러나 자신의 기둥을 세워가야 하는 자에게는 멋을 낸 나무다리보다 철재 다리가 훨씬 든든하다. 가난한 자취생에겐 실용적인 다목적 상이 최고였다.

돌아보면 혼자만의 노력으로 세워 온 생의 건물이 아니었다. 삶의 버팀목이 되어 준 자식들, 상담가의 꿈, 나를 성장시켜 온 공부, 뒷받침해주신 스승이라는 네 개의 기둥이 지탱했기에 작게나마 나만의 지붕을 올려 세상의 비바람을 피하고 있다. 접이식 상의 철재 다리를 곤추세우던 자취생은 그 위에서 밥을 먹고 기운을 얻었으며, 세파에 맞선 어미는 길거리에서 책을 펼치며 상담가로서 자리를 잡았다.

모든 기둥은 아래에 있다. 사람의 두 다리가 버티기에 일어설 수 있고, 지붕을 받치는 기둥이 있어 집이 완성된다. 상다리가 밑에서 괴여야 밥상은 제대로 음식을 차려놓을 수 있다. 다리가 뒤집히면 아무리 진수성찬을 차리려 해도 그 상은 역할을 못 한다. 기초부터 쌓아 올려야 뼈대가 탄탄하다. 맛깔나게 올리는 요리사의 음식 솜씨가 하루아침에 이루어진 것은 아닐 터이다.

지금 내 생의 밥상은 어떤 모습인가. 기둥을 견실하게 세우기는 했을까. 상 위에는 군침 도는 음식들이 놓여 있을까. 아직 제대로 된 음식을 만들지도 못하면서 밥상 다리만 펼쳐놓고 있는 것은 아닌지. 혹여 다리를 세우지도 않고 음식들만 펼쳐내지는 않는지 살펴본다. 누군가의 기둥까지는 되어 주지 못할 깜냥이니 우선 내 다리라도 제대로 세워야겠다. 지하도에서 철재 다리를 정성껏 세우던 젊은 날의 초심이 나를 부른다.

소리자루

용만의 등에 카키색 백이 매달렸다. 책 두어 권 넣을 수 있을 크기지만 비어 있는 듯 홀쭉하다. 여행길이나 산책로를 걸을 때, 그가 가는 곳에는 여지없이 혹등고래의 혹처럼 붙어 다닌다. 그와의 사이가 떨어지면 어디선가 벌들이 윙윙거리는 소리 같기도 하고 소 울음을 닮은 것처럼 애잔한 음색이 가냘프게 들린다. 곁으로 다가서면 그제야 용만이 가방 안에서 노랫소리가 흘러나오는 줄 안다.

김진숙이 '소금꽃 편지'를 쓰는 동안 백자의 '담쟁이'가 벽을 오르고 마씨다밴드의 '돌멩이'가 꿈 찾아 길 떠난다. 강산에의 힘찬 연어들은 '거꾸로 강을 거슬러~' 회귀하고 조용필의 '허공'에 전영록이 '종이학'으로 소식을 전하면 용만의 가수 동생

강가수가 '고맙소'라며 답례한다. 장윤정은 '초혼'으로 가슴을 후벼 파고 이승철은 '네버엔딩스토리'로 이별을 말한다. 이문세의 '알 수 없는 인생'이 아름답고 이상은의 '삶은 여행'이니까 함께 걷는다. 어린 정동원이 생의 '여백'을 노래하면 윤도현은 '나는 나비'라며 희망을 들려 준다. 김연숙의 '목로주점' 친구들과 나훈아가 '딱 한 번 인생'을 즐겁게 살잔다. 노사연의 '바램'을 따라 부르다 보면 어느새 둘레길을 한 바퀴 돌고 있다.

처음에 나는 약 가방인 줄 알았다. 그가 평소 관리해야 할 지병이 있기에 위급할 때 먹을 수 있는 약이나 물이 들어 있을 거라 짐작했었다. 그러나 내 생각이 틀렸다는 것을 나중에 깨달았다. 등에 붙어 다니는 백은 단순한 가방이 아니라 같이 걷는 이들에게 들려주려고 성능 좋은 스피커가 담겨 있는 소리자루였다. 요즘은 핸드폰을 통해 언제 어디서나 쉽게 들을 수 있는 노래라지만 듬직한 등에서 흐르는 음악은 그의 따스한 성품처럼 특별한 온기가 묻어난다.

자루는 물건을 담을 수 있도록 만든 커다란 주머니를 말하지만 톱자루나 낫자루처럼 연장이나 기구에서 손에 쥐는 손잡이를 일컫기도 한다. 용만은 어려서부터 세상에 필요한 자루 같은 사람이 되고 싶었다. 군인이 되어 나라를 지키리라 마음먹었으나 시력 장애가 더 이상 꿈꾸지 못하게 했다. 사관학교를 포기

한 후 시민의 지팡이인 경찰대에 도전했지만 똑같은 이유로 좌절되었다. 자신의 쓸모를 찾지 못한 채 자포자기했고 공부를 놓는 시기도 있었다.

 취업을 준비할 무렵, 하루아침에 성수대교가 사라졌으며 청천벽력처럼 삼풍백화점이 무너져 내렸고 대구지하철공사장에서 무고한 사람들이 다쳤다. 그는 일련의 사건을 보면서 직접 건설 현장에서 뛰지는 못하지만 어딘가에 쓰임이 있는 손잡이는 될 수 있을 거라는 생각이 들었다. 일말의 주저함 없이 건설회사에 지원했다. 어쩔 수 없이 따라야 하는 결정은 금세 싫증을 내거나 중단하게 되지만 스스로 선택한 일이기에 힘든 직장생활도 기꺼이 받아들였으리라. 새벽 다섯 시에 시작하는 일과는 이십오 년 넘게 이어졌다. 인부들과 함께하는 망치질 소리와 각종 기계가 웅성거리는 화음을 그 어떤 선율보다도 좋아한다. 그 소리에는 삶의 진솔함이 배어있기 때문이다.

 소리는 제대로 들어야 귀맛이 산다. 친구들이 모이는 좌석에 가면 언제나 용만이가 있다. 담소로 시작해 잡담으로 이어지는 소란스러운 대화에서 늘 귀 기울여주는 이는 그다. 세속의 가벼움을 벗어난 듯 그의 입은 무겁다. 자신의 의견을 내세우진 않지만 다수가 결정한 일들은 조용히 실행한다. 어디 가나 낯자루 역할을 자청하여 성심성의를 다해 돕는다. 그의 진심은 소리로 표현되지 않고 몸으로 전달된다.

  용만에게는 지금도 후회되는 과거가 있다. 그를 따르던 후배가 가끔 찾아와 이런저런 고민을 나누다가 돌아가곤 했다. 그러던 어느 날 들르겠다는 연락이 왔으나 선약이 있어 후배를 만나지 못했다. 며칠 뒤, 후배는 다시는 돌아오지 못할 곳으로 떠났다. 만약 그날 만났더라면 후배가 살 힘을 내지 않았을까라는 자책이 드는 건 어쩔 수 없다. 그때부터 용만은 자신을 찾는 자리가 있으면 달려가고 어떤 말도 담아주는 속 깊은 소리자루가 되었다.

  자루는 곡식자루나 모래자루처럼 넣는 물건에 따라 쓰임이 다르고 불리는 명칭이 바뀐다. 정해진 모양이 있는 것도 아니다. 쌀자루처럼 매끈하기도 하고 약재를 담으면 올록볼록해진다. 사람이 사적인 공간에 누군가를 들인다는 것은 상대를 온전히 받아들이지 않고는 어렵다. 건설 현장이 전국에 흩어져 있기에 그는 타지 생활을 몇 년째 하고 있다. 지금 용만은 비슷한 처지인 동료에게 흔쾌히 자신의 숙소 한 칸을 내어주었다. 가족이 아닌 이상 아무리 친한 사이라도 오랜 시간 방을 나누어 쓴다는 것은 쉽지 않다. 그의 마음자루는 밀가루 포대처럼 미끈하고 겨울 벌판만큼이나 너른가 보다.

  받아들였으면 비워야 공백이 생긴다. 그러한 용만이에게는 매번 수식어가 붙어 있다. 언제나 마음을 '베푸는' 사람, 속엣말을 '들어주는' 품 넓은 친구, 든든히 자리를 '지키는' 가장이다. 그러나 아무리 단단한 흙이라도 숨을 쉬어야 하듯 그에게도 자루 목을 풀어헤칠 시간이 필요하다. 그의 소리자루에 자연의 소리나 편안한 음악이 많이 담긴 까닭이다. 그는 나지막하게 읊조리는 채근담 명언들을 자주 듣는다. 같이 듣고 있노라면 시끄럽던 밖의 소리들은 서서히 잦아들고 청아한 시냇물에 귀를 씻은 듯 정신이 맑아 온다. 명상의 말들을 새기면 가슴에 뜨거운 자루慈淚가 흘러 감정의 찌꺼기들을 비워 준다.

용만이가 거침없이 노래를 부른다. 상황에 따라서 부르는 노랫말들이 그의 마음을 대변해 준다. 흥얼거리는 가사를 듣고 있으면 선한 천성이 전해져 주변까지 밝아진다. 친구의 삶을 보며 나는 어떻게 생의 소리를 담고 있는지 되돌아보곤 한다. 그저 하루하루를 세상의 소리에 떠밀려가기보다 나만의 소리를 만드는 사람이고 싶다.

오늘도 용만은 마르지 않는 소리자루를 짊어지고 우직하게 친구들 곁을 걷는다.

천지, 열리다

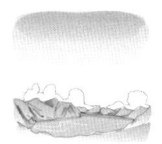

서쪽의 천지가 열렸다. 어머니의 정한수다. 일천사백사십이 계단을 오르니 하늘과 땅 사이 푸른 물이 담겼다. 장군봉, 망천후, 백운봉, 청석봉 등 높은 봉우리들이 당당히 지키고 서 있다. 장독대 위에 떠 놓고 기도하던 어머니의 사발 물이 눈 덮인 백두산 천지에 놓였다.

땅 아래로 흘러가야 할 물이 산 위에 고여 있다. 순리를 거스르는 물이니 인생살이 중에서 어렵게 살아가던 때와 같다. 누구에게나 유독 힘들고 고달픈 시절이 있게 마련이다. 그럴 때 사람은 두 손을 모으고 기도하게 된다.

인간의 삶에서 함께 길을 가는 동무들은 서로 기댈 곳이 되어 준다. 중학교 동창 열두 명이 전국에서 천지로 왔다. 부산, 창원, 영광, 일산, 용인, 성남, 부천에서 각각 출발했다. 흩어졌던 삼십여 년의 시간을 훌쩍 건너뛰었다. 세월의 결이 새겨진 서로의 얼굴마저 낯설어 이름과 고향 마을을 들먹이며 기억을 더듬는다. 추억 속 선생님과 친구들 별칭이 술술 나오며 점점 하나가 되어 간다. 지나간 시간이 천지에 모인다.

　백두산에는 전설이 많다. 용이 살다가 올라갔다는 이야기도 있고, 아흔아홉 명의 선녀가 목욕을 했다는 전설도 내려온다. 옥황상제의 야명주를 훔친 삼태자를 잡기 위해 산봉우리가 된 열여섯 장령들이 밤낮으로 천지를 지키고 있다는 설화도 있다. 지난해에는 남북의 최고 지도자 내외가 장군봉에 오르고 천지 물이 손닿는 곳까지 산책하며 새로운 역사를 만들었다. 그 자리를 중국 땅에서 카메라로 당겨본다. 북한 땅을 통해 가면 물가까지 내려갈 수 있으리라는 아쉬움이 남는다. 눈으로만 보고 손으로 만져볼 수 없어서 안타깝다. 다음엔 북한 쪽으로 갈 수 있기를 천지에 소원 풀어 놓는다.

　취업 시험일이다. 친구의 딸이 대학원 졸업 후 취업을 준비했다. 서류 접수를 하고 채용 시험까지는 통과했으나 최종 면접에서 떨어지길 반복했다. 그녀가 오늘 다시 재도전을 한다. 삼개월 동안 집과 도서관만 오가며 죽기 살기로 공부만 했다. 먹는 것, 자는 것을 뒤로한 채 오로지 시험공부에 매달렸다. 야위어진 딸의 몸은 살가죽만 남은 것 같았다. 그 어미인 친구가 천지에 오른다. 한 계단 한 계단 오를 때마다 딸의 이름을 영험한 백두산에 새긴다. 엄마가 해줄 수 있는 것이 기도밖에 없다. 하늘 아래 땅 위 커다란 정한수에 빌고 또 빈다. 천지에 엄마의 기도 눈물이 흐른다.

  나는 새 책의 출간을 앞두고 있다. 올해 두 군데 출판사에서 잠깐의 시차를 두고 두 권의 책을 묶는다. 출판사에서는 유명하지 않은 초보 작가의 글을 책으로 만들어 세상에 내어놓는다. 작가라는 호칭조차 어색하고 과연 누가 책을 사 볼 것인가 걱정이 많다. 책 판매가 잘 되길 바라본다. 천지 평균 수심은 213m, 최대로 깊은 곳이 384m이다. 초보 작가는 판매된 책이 천지 수심까지 쌓이길 감히 바라지 못한다. 고생한 사람들에게 웃음을 안겨줄 수 있기를 빌어본다.

  흰 머리카락 듬성듬성한 중년의 친구들은 몸 여기저기 아픈 곳이 많다. 갑상선, 심근경색, 녹내장, 척수염을 겪어내고 있다. 장시간 차를 타고 이동하는 것도, 백두산 정상을 향해 계단을 오르내리는 것도 힘에 부친다. 모두의 가방 속에 각기 다른 약봉지가 들어 있다. 지나온 시간의 상장처럼 들고 다닌다. 그러나 마음은 열여섯 살 소년소녀들이다. 가족과 사회에 대한 책임감을 잠깐 내려놓는다. 호칭과 계급장을 떼어 버리고 오직 이름으로만 불러주는 친구들 곁에서 호탕하게 웃을 수 있다. 한껏 여유로 시간을 채운다. 천지의 너비만큼 마음이 넓어진다.

"친구야, 웃고 살자!"

"그러세!"

건배사 한마디에 희망이 솟는다.

다음날 백두산 북쪽은 구름이 앞섰다. 정상까지 사람들을 실어 나른다고 지프차들이 줄지어 오르내린다. 멀리서 보면 마치 흰개미 행렬 같다. 들머리를 지날 때는 하늘이 맑았는데 산중턱을 향하는 동안 검은 구름들이 아래에서 돌격대처럼 밀고 올라온다. 자동차는 운무가 천지를 가릴까 봐 급하게 달리지만 골바람이 더 빠르다. 산 정상에 도착했을 때는 이미 먹구름이 사방을 덮었다. 명산은 감히 천지를 보여줄 수 없다는 듯 운해 안으로 숨겼다. 어제와 전혀 다른 백두산이 그곳에 있었다.

흔히 삼대가 덕을 쌓아야 백두산 천지를 볼 수 있다고 한다. 전날에는 파란 하늘 아래 당당히 보여주다가 오늘은 운무로 가리고 세찬 바람 속으로 감추었다. 사람 욕심이 청명한 경치를 보기만 바란다. 그러나 생각해보니 대부분의 천지는 운해 속에 묻혀있다. 온전히 드러낸 모습만 보고 돌아간다면 백두산을 절반밖에 보지 않는 것이리라. 구름과 비바람에 잠긴 풍경까지 보아야 제대로 천지를 보았다고 할 것이다. 구름장 속으로 숨어버린 천지가 가르침을 안겨준다.

  산다는 것이 구름 속에서 가끔 보여주는 맑은 천지 같다. 우리는 인생이 늘 계획대로 이루어지길 원한다. 내 삶이 뭇사람들보다 높이 서길 바란다. 그러나 잘 되고 성공해야만 잘 사는 것이 아닐 것이다. 앞이 보이지 않는 보통의 시간들을 보내지 못한다면 생이 어찌 깊어지고 단단해지겠는가. 화창한 날도 흐리고 비 오는 날도 모두 소중한 삶이다.

  세찬 바람에 옷깃을 여민다. 산을 내려간 친구들은 다시 흩어졌다. 마음에 정한수를 담아왔다. 비로소 북쪽의 천지가 열렸다.

탈을 쓰다

삶을 위로하던 공연이 멈췄다. 좁은 공간에 함께 모이는 것이 금지되었다. 사람들은 움츠러들었고 생활은 쪼그라져 갔다. 코로나 이후 모두 마스크 가면을 쓰고 살아간다. 두 눈만 내놓은 채 반쯤 가려진 얼굴은 누가 누구인지 구별을 어렵게 했고 타인과의 거리는 점점 멀어졌다. 그러던 중 반가운 마당극 소식이 들렸다.

배우들이 사뿐거린다. 경쾌한 피리 소리가 육중한 무대 문을 연다. 큰머리를 올리고 괴나리봇짐 진 왜장녀는 맨살 드러낸 궁둥잇바람으로 호들갑을 떨고, 검은 탈 할미는 헤어진 영감을 찾는다며 양옆으로 허리를 흔들며 간들걸음을 걷는다. 녹의홍상 곱게 차려입은 무희가 버들가지 낭창대듯 예기무를 추고, 양손에 북채를 든 날렵한 여인은 공작 날개처럼 팔을 뻗고 발을 비틀어 날아오른다. 덩달아 둥근 달 속의 옥토끼가 방아를 찧듯 어깨에 두른 북이 앞섶을 오르내린다.

  광대들이 탈을 썼다. 입이 쭉 찢어져 불만 가득한 붉은 초라니탈도 있고 부리부리한 눈알에 울룩불룩 도깨비 얼굴처럼 혹이 튀어나온 묵중탈, 착 달라붙은 단발머리에 슬픔으로 일그러진 죽은 이의 가면과, 영노처럼 기이하게 덮어쓴 짐승탈도 보인다. 바깥세상 시름은 잠시 잊고 탈놀이에 빠져든다. 광대들은 덩실덩실 춤추고 사물패는 휘모리장단으로 무대를 채운다. 어찌나 신명을 돋우는지 어깨를 들썩이며 손바닥 장단을 맞추던 관객들도 여차하면 놀이판으로 뛰어들 기세다.

  마당극은 저마다 약자이기에 참고 당해야 했던 시절을 풍자하는데 이번 공연은 탈춤놀이에서 여성을 주제로 한 과장만을 가져왔다. 팔려 가는 힘없고 어린 애사당의 신세가 애처롭고, 고단한 살림을 살다가 죽음을 맞이한 할미의 불행한 생이 안타깝다. 후처로 살았던 젊은 여자의 녹록지 않은 삶 또한 아프게 다가온다. 초랭이를 쓴 말뚝이는 양반을 놀리면서도 당당하고, 한바탕 놀아볼 심산으로 풍류정을 찾아온 묵중들은 걸판지게 푸닥거리를 해댄다. 삶은 척박했으나 여인들은 강했다. 비록 기녀이나 쉽게 꺾이지 않겠다는 손끝은 절도가 있고 힘차다. 북을 멘 여인은 한풀이라도 하려는 듯 진양조로 둥당거리다가 아낙네들의 등을 토닥여준다. 짓눌리고 가로막혔던 청중의 심장을 뚫고 북소리가 나아간다.

 우연히 찾아온 탈춤놀이에서 여성의 생애를 되돌아보게 된다. 현대에도 여건에 맞도록 자신의 가면을 바꿔 쓰기가 쉽지 않은데, 옛 여인들에게는 한번 주어진 역할 속에서 빠져나오기란 더더욱 어려웠을 것이다. 여인들이 벗어나지 못하던 현실을 광대들이 탈을 쓰고 마당극으로 풀어내는 것은 아닌지.

 아들은 어머니 삶의 과제였다. 내리 딸만 낳던 내 어머니도 아버지의 매서운 질책을 피하지 못했다. 그렇게 얻은 아들을 제대로 키우지도 못한 채 아버지가 저세상으로 이른 발길을 돌렸을 때는 분노 같은 뜨거움이 치밀어 올랐다. 어머니와는 다른 삶을 살고 싶었으나 나 또한 딸만 둘 낳았다. 시어머니는 손자 욕심으로 며느리들에게 냉혹했다. 부당한 상황이었지만 목소리를 삼켰다. 어차피 말을 해도 처지가 바뀌지 않을 것이기에 서서히 입을 닫아 버린 것이다. 엄마가 되면서 독박 육아라는 현실은 더욱 답답해져 왔다.

 창작굿판에서는 남편이 아내에게 대권을 이양하는 판굿이 벌어진다. 아내는 천지대업을 이어받은 만인의 어머니로 등장한다. 어둠 속에서 숨을 죽인 채 핍박받던 것들을 되살리는 후천

세계를 열기 위한 풍물 의례가 엄숙하다. 남자와 여자가 평등하고 너와 나 사이에 끊어진 틈을 잇는 굿판은 여인의 몸에 오방색 천을 휘감아 돌면서 절정으로 치닫는다. 여자라는 연약한 가면을 벗고 강인한 어머니로 재탄생한다.

신당에서 귀신에게 소망을 빌던 굿이다. 굿판에서 춤과 노래만을 탈춤놀이로 가져와 신명을 부추기고 질펀하게 놀 자리를 마련하였다. 다양한 극이 시연되는 것 같지만 전체를 관통하는 주제는 하나이다. 시골 장날의 난장처럼 뒤죽박죽 펼쳐놓았으나 그 안에는 배정된 자리가 있고 각자의 역할이 주어진다. 세상 사는 이치가 이와 같지 않을까. 여자든 남자든 몇 개의 얼굴로 살아가지만 개성 있는 자신만의 세계가 흐른다는 것을 존중하고 인정해줄 일이다.

객석과 무대가 모두 가면을 썼다. 광대들은 바가지탈을 쓰고 관객들은 마스크탈로 표정을 가렸다. 마당극은 혼자 할 수 있는 모노드라마가 아니라 배우와 관객이 서로 호흡을 맞추어 완성한다. 전국의 내로라하는 광대와 춤꾼과 악사들이 모였다. 그들의 회합은 술 마시며 흥청거리지 않고 무대에서 흥으로 푼다. 막힌 세상 물꼬를 트고 평온한 일상을 기원하는 마음은 탈 쓴 광대나 마스크 두른 관객이 하나일 것이다. 극장을 흔드는 풍악 소리와 흥겨운 춤사위가 공포스러웠던 역병조차 물리칠 것처럼 통쾌하다. 마스크가 전염병을 예방해주듯 천지굿판은 평범한 생활이 되살아나길 기원하는 위로의 마당이다.

보이는 탈만 쓰지 않았다. 내 안을 켜켜이 덮어두고 거짓으로 드러낸 가면은 몇 개나 될까. 착한 척, 아는 척, 가진 척, 가짜 가면은 얼마나 요란한가. 이렇게 살아가면서 주변 사람들을 제대로 보았다고 할 수 있을까. 미리 판단하고 섣불리 가면을 씌워 오해하는 경우도 헤아릴 수가 없을 만큼 많았다. 가까이 있어도 가면에 가려진 마음이 천리나 떨어져 있다면 세상살이가 본래의 모양을 가린 채 노니는 탈놀이판과 무에 다르겠는가.

공연이 끝났다. 땀에 젖은 배우가 탈을 내린다. 가면으로 꾸미지 않은 광대의 맨얼굴이 드러난다. 벗어놓은 탈이 내게 묻는다. 허물 같은 가면을 벗는다면 과연 민낯으로 세상에 나설 수 있는지.

뒤돌아서며 슬며시 마스크에 손이 간다.

이렇게 어려워서야

발단은 교수님 강의였다.

"평소 운전을 할 때는 되도록이면 큰길로 다니세요. 도로가 막힌다고 좁은 골목으로 다니다 보면, 살면서 어떤 문제가 발생했을 때 자신도 모르게 정면 돌파보다는 샛길로 빠져나갈 궁리를 하게 됩니다."

과연 그럴 수도 있겠다는 생각이 들었다. 나는 큰 도로가 정체된다는 이유로 십여 년간 골목길과 이면도로로 출근해왔다. 교수님 말씀도 따라볼 겸 새로운 길도 시도해 보기로 결심하였다. 그러나 마음과 달리 당장 실천으로 옮기지 못한 채 차일피일 미루었다. 막상 눈앞에 개미들이 줄지어 가듯 긴 꼬리를 잇댄 차량들을 보면 차도로 운행할 용기는 사라지고 조금은 매끄럽게 지날 수 있는 옆길로 갈 고민부터 하였다.

　망설이기만 하며 쉽게 길을 바꾸지 못하던 어느 날, 앞에 섰던 빨간 차를 무심코 보다가 자연스레 번호까지 기억했다. 여전히 막히는 도로에서 갈림길을 만났고 앞차는 직진을 하고 나는 평소처럼 이면도로를 택했다. 내 판단을 믿으며 의기양양하게 돌고 돌아 좁은 길을 빠져나왔는데 합류 지점에서 다시 그 차를 보게 되었다. 그리고 운행 시간이 별반 차이 나지 않는다는 것을 알았다.

　다음날부터 갈림길에서 골목으로 우회전을 하지 않고 그대로 앞으로 나아갔다. 도로는 정체되어 있지만 결국엔 도착 시간이 비슷하다는 것을 알기에 느긋하게 앞차들을 따라갔다. 여유를 갖고 주위를 살펴보니 보이는 풍경이 달랐다. 세련된 높은 빌딩들이 당당하게 서 있고 쌀쌀한 날씨지만 화단에는 꽃배추들이 조화롭게 피어 있었다. 육차선 도로에 불법주정차 차량은 볼 수 없고 행인들은 신호에 맞추어 횡단보도를 씩씩하게 건너다녔다.

　그동안 내가 다니던 뒷골목은 술집과 음식점 등 작은 가게들이 많았다. 한적한 탓인지 자전거와 오토바이도 방향을 틀었고, 불쑥불쑥 아이들이 뛰어다녔다. 그뿐만 아니라 골목 한쪽은 주차된 차량들이 버젓이 점령하고 있었다. 오히려 더 느리게 운전해야 할 길이었다. 길이 바뀌니 광경이 다르고 사람들의 행동이 변한다는 사실도 새삼 느낄 수 있었다. 굳이 큰 도로만 고집할 필요는 없지만 한 가지 길만 우길 일도 아니었다.

 습관은 하루아침에 바뀌지 않는가 보다. 큰길로 다녀야겠다고 마음먹은 지 이틀째 되는 날, 터널을 빠져나와 무심히 갈림길을 지나는데 정신을 차려보니 나도 모르게 샛길로 향하고 있었다. 방심했다는 것을 알아챈 후는 이미 차선을 튼 뒤였다. 의지를 부여하지 않으니 몸과 정신이 따로 놓여 평소대로 움직였던 것이다. 버릇이 얼마나 무서운 것인지 와닿는 순간이었다. 김유신 장군이 자신이 잠든 사이에 기생집 문 앞에 데려다 놓은 애마의 목을 쳤다는 이야기가 떠올랐다. 그의 마음이 공감되었다.

 아침에 눈을 뜨면 유튜브에서 알람이 운다. 일어나자마자 요가 방송을 알리고 요가를 마치면 시청하던 강의를 올려놓는다. 보다가 중단한 부분부터 다시 들을 수 있도록 정확히 올라온다. 반복되는 유튜브 패턴을 볼 때마다 소름이 돋곤 한다. 나도 모르는 사이 그들은 내 행동을 데이터화하고 있었다.

 오랫동안 같은 곳에 떨어지는 작은 물방울들이 단단한 바위를 뚫는다고 한다. 시간의 힘이다. 한 가지 일을 꾸준히 행한다면 어떤 일도 해낼 수 있다는 뜻일 것이다. 좋은 습관을 지속한다면 삶도 나아지겠지만 고쳐야 할 행위를 계속한다면 어떻게 될 것인지 경계하는 말이기도 하다. 출근길 도로를 바꿔보자는 마음이 어쩌면 사소한 것일 수 있다. 그러나 무심결에 하는 행동들이 모여 내 삶을 이룬다고 상상하니 생각만 해도 송연해진다. 교수님의 의도가 이제서야 이해되었다.

  아침이면 정신을 바짝 차려본다. 작은 결심 하나에도 오랜 관성이 붙어 있어서 제대로 지켜지지 않는다. 벌써 여러 날이 지났건만 아직도 자동차에 앉으면 스스로를 긴장시킨다. 의도적으로 직진을 하고 있는 것은 무의식 상태에서 골목길로 빠지지 않기 위해서이다. 하지만 무엇보다 그날의 도로 상황에 맞게 갈 길을 살피고 판단해야 할 것이다. 이 작은 일 하나 바꾸기가 이렇게 어려워서야.

제3부
바람이 바뀔 때

시룻번
바람이 바뀔 때
정신은 어디에 팔렸을까
물푸레나무를 만나다
누운 석인
진짜 폼이 나야 한다
사람이 산다
그대로의 모습으로
산속 등대
사주를 세우다

시룻번

초록 조각달을 열 맞춰 세운다. 물이 끓고 있던 찜통에 채반을 얹는다. 갈 곳을 찾아 헤매던 수증기는 구멍을 빠져나와 돌덩이처럼 얼어 있는 송편을 감싼다. 뜨거운 열기가 몸피를 적시자 마른 가지에 새순 틔우듯 연둣빛으로 부풀어 오른다. 스테인리스 냄비 바닥이 얇아 센 불로 켜둔 채 눈길을 거두면 금세 물이 졸아든다. 지키고 서서 알밤 같은 송편 소까지 제대로 익혀야 맛이 든다. 찜기는 뻘겋게 녹아내릴 듯한 몸뚱이를 불에게 마저 내어준다.

　어머니는 앉은 자세로 펼쳐 놓은 공책에 얼굴을 파묻고 고개를 들지 않는다. 얼마나 몰두해 있는지 스냅사진 한 장 세워 둔 것처럼 미동이 없다. 연필만 탁자에서 부지런히 밭갈이 중이다.

곁에는 절편처럼 얄팍한 공책 두 권을 두꺼운 연습장과 함께 전리품마냥 가지런히 놓아두었다. 다른 쪽에는 아직 비닐 포장도 뜯지 않은 노트 한 권이 수굿이 기다린다. 쪄낸 송편을 눈앞에 내려놓으니 그제야 몸을 일으켜 빙긋이 웃는다. 오랫동안 엎드려 있었던 탓인지 피가 쏠린 얼굴이 설핏 부은 듯하다.

기도문을 일만 번 적으면 소원이 이루어진다고 유명하신 목사님이 쓰기를 권하셨단다. 네 시간 만에 썼다는 설교를 듣고 와서는 당신도 해야겠다면서 알파벳 공부 연습용으로 사 둔 공책을 호기롭게 펼쳤다. 그러나 어머니는 일백 번 쓰는 것만으로도 꼬박 하루를 매달렸다. 아무래도 목사님에게 속은 것 같다면서도 기도문 적기를 포기하지 않는다. 목사님의 말씀은 상징적이었나 보다. 한 자 한 자 정성스럽게 적어나가는 모습을 보고 있노라면 성전에서 의식을 치르는 듯 엄숙하여 감히 시시콜콜한 잡담을 시작하지 못한다. 춤추는 글자 너머로 어릴 적에도 보았던 어머니의 경건한 표정이 지나간다.

어머니는 바라는 일이 있을 때마다 시루를 씻었다. 설명절과 대보름날 그리고 그 사이에 끼어 있는 내 생일은 빠뜨리지 않았다. 밥벌이를 하지 않던 가장을 대신해 집안을 지탱해내면서 육남매 키우느라 번거로울 법도 했으련만 불과 보름 동안에 세 번의 떡시루를 거르지 않고 쪄냈다. 첫아이인 내가 태어난 지 육개월 만에 기도가 막혀 저세상 문턱을 오간 이후로 어머니의 소원은 오매불망 자식들 건강뿐이었다.

　찹쌀과 멥쌀을 반반씩 섞어 물에 불렸다. 반나절이 넘으면 고무대야에 담아 머리에 이고 시장통 방앗간에서 가루로 갈아왔다. 가마솥에 물을 넉넉히 채우고 불을 지펴 솥에 김이 오르면 빈 시루를 올렸다. 뽀얗게 말려 둔 광목천을 깔고 쌀가루와 고물을 누누이 앉힌 후 밀가루를 반죽하여 가마솥과 시루 사이에 벌어진 틈새를 기다랗게 둘러막았다. 한 땀 한 땀 바늘로 박음질하듯이 손끝으로 촘촘히 눌러주면 시루 아래로 어머니의 하얀 지문이 떡살같이 새겨졌다. 무늬조차 닳아 없어지고 나뭇가지처럼 여러 갈래로 갈라 터진 손자국이었다. 철없던 자식들은 떡보다도 고소한 냄새를 풍기는 시룻번이 빨리 익기만 기다렸다.

　어머니는 아궁이에 불을 때면서도 행여 부정이라도 탈까 봐 바싹 붙어 앉아 불길을 살폈다. 미처 마르지 않은 생솔가지를 넣을 때는 부엌 안으로 메케한 연기가 가득 차 눈이 매웠으나 연신 눈물을 닦아내면서도 꿋꿋이 불을 지켰다. 당신인들 밖으로 뛰쳐나가고 싶지 않았을까. 보살펴야 할 것이 있기에 이겨냈으리라. 무쇠 솥뚜껑 아래로 김 물이 떨어져 내리고 천장까지 뿌연 김이 올라서면 기세 좋게 타고 있던 큰불가지는 긁어내고 잔불만 남겼다. 그즈음이면 어머니의 얼굴에는 땀이 솟고 목덜미는 홍시보다 더 붉게 달아올랐다. 한참을 뜸 들인 후 가느다란 젓가락으로 시루떡 가운데를 깊숙이 찔러본다. 뽑아 올린 젓가락에 생쌀 부스러기가 묻어 있지 않으면 익었다는 표시였다. 지푸라기 한 움큼을 다듬어 윗목 바닥에 깔고 떡시루를 통째로 가져다 놓았다. 시루 안에 정안수 한 사발을 올리고 사기그릇도 엎어 초를 켰다. 여닫는 문 뒤를 따라붙은 꽁무니바람에도 촛불은 일렁이지 않았다. 어머니의 기도가 끝나기를 기다린 자식들은 떡시루 근처로 모여들었다.

어머니는 종류가 다른 시루를 장독대에 뒤집어두었다. 옹기로 된 시루는 어른이 두 팔을 벌려야 안을 수 있었다. 두툼한 질감 덕분에 떡을 찔 때 외에도 콩나물을 길러냈다. 그러나 우리 집에선 아무 때나 질그릇을 사용할 수 없었다. 아버지는 밤낮을 가리지 않고 가족들의 일상을 무너뜨리는 지진을 일으켰다. 집안은 화산 폭발하듯 흔들렸고 밥상이며 그릇 등 깨지는 물건은 버텨내지 못했다. 언제 걷어차일지 모를 콩나물시루는 방안에 두지 못하고 곡식을 쟁여두는 고방에서 키워야 했다. 어머니는 주로 깨지지 않는 양은 시루를 사용했다. 정신없이 고함을 지르던 아버지도 윗목에 자리 잡은 촛불 켠 시루만은 손대지 못했다. 어머니는 자식에게 향하던 주먹질을 막아서 초주검이 되곤 했지만 기도 올린 떡시루를 보호할 때에도 결연한 태도를 보였다. 그때 시루는 곧 가정이었고 시루 속 잘 익은 떡은 지켜내야 할 자식이었다. 그리하여 어머니는 시룻번처럼 당신의 몸을 굳혀 풍파를 견뎌내었다.

어머니는 계절마다 연례행사처럼 떡시루를 익혔다. 잡귀를 없앤다며 쓰이는 팥시루떡은 오랜 기다림 끝에 얻은 막내아들의 액막이로 쪄냈다. 소화력이 약해 떡을 내치는 나에게는 가을무를 굵게 채 썰고 대추와 밤을 섞은 무시루떡을 권했다. 한여름에 태어난 둘째를 위해서 더위 타지마라며 수수팥떡을 만들었으나 정작 동생은 언니의 떡시루를 부러워했다. 늦봄과 가을에도 그 계절에 구하기 쉬운 재료를 넣어 딸들의 생일 시루를 앉혔다. 무릎 꿇고 두 손 모으던 당신의 시루 덕분에 모두들 제 앞가림 정도는 해나갈 수 있었다.

이제 자식들은 각자의 길 찾아 떠나고 팔순의 어머니는 더 이상 시루를 씻지 않는다. 어머니가 써둔 공책을 한 장씩 넘긴다. 비뚤배뚤. 바람 부는 날 집게 없이 널어놓은 빨래처럼 공책 줄에 낱말들이 자유롭게 걸렸다. 글씨는 으깬 콩가루마냥 고르지 않고 절구통에서 갓 빻은 팥알을 펼쳐 놓은 듯 굵기와 크기가 제각각이다. 틀린 글자가 하나라도 생기면 바로 지우개로 걷어낸다. 1000 90 1, 1000 90 2 …, 기도문 중간에 빨간색 볼펜으로 표기해 둔 숫자에 시선이 멈춘다. 일천구십 한 번째 썼다는 뜻은 이해했고 일천과 구십 하고 일은 셈을 따로 해야 한다.

"엄마, 무슨 소원 빌면서 쓰셔요?"

"날 위해 쓴다. 아픈 것 낫게 해달라고."

어머니는 이제야 당신을 위한 시루를 앉히는 중이었다. 갑자기 써놓은 글자들이 켜켜이 뿌려놓은 쌀가루처럼 흩어진다. 사이사이에 붉은 팥고물이 박혀 있는 것 같다. 이번엔 내가 시룻번이 되어 어머니의 시루를 감싸 안으리라. 문구점으로 달려가 새 공책 몇 권을 한 켜 한 켜 담는다. 뜨거운 김이 새어나가지 못하게 가슴에 꼭 닿도록 품어본다.

바람이 바뀔 때

"얼씨구나, 좋구나. 돈 봐라, 돈돈돈…"

어깨를 덩실거리고 목청을 높게 돋운다. 한 손은 부채를 접어 쥐고 다른 손으로 치마를 치켜올리더니 가볍게 발을 내딛는다. 흥부가 죄지은 고을 좌수 대신 곤장 열 대를 맞는 조건으로 호방에게 마삯 닷 냥을 먼저 받아들고 동헌을 나서는 대목이다. 가난한 가장은 가족을 위해 매품팔이라도 마다할 수 없는 딱한 입장이다. 명창은 돈이 생겼다며 들뜬 흥부 심정을 신나게 읊는데 객석 어디선가 한숨 짓는 소리가 들린다.

흥부 아내가 이 소식을 듣고 기가 막혀 한탄하는 부분에서는 털썩 바닥에 주저앉으며 고개를 떨군다. 두 손과 부채만이 조명 아래에서 천천히 오르내린다. 몸짓과 목소리로도 남편의 매품팔이를 말리는 부인의 한스러운 감정이 고스란히 전해진다. 고수가 북채로 소리에 느린 장단을 얹어 다독인다. 듬직한 북소리라도 없었더라면 이 구슬픈 음률에 하마터면 눈물을 내비칠 뻔했다.

인생에 순풍이 불기를 바라지만 가끔은 돌풍이 몰아치기도 한다. 흥부 가족에게는 생의 기온이 내려가고 비바람의 계절이 온 것이다. 한번 돌변한 날씨가 언제까지 몰아칠지 막막해지곤 한다. 갑자기 쏟아진 소나기를 손에 든 부채 하나로 피하듯 그럴 때마다 힘이 되어주는 것은 가족이다. 당장에 돈 서른 냥보다 남편을 지키려고 매품팔이를 되파는 흥부 아내의 신세가 애잔하면서도 그 지혜로움에 가슴이 찡해 온다. 소리꾼이 절정을 향해 치닫으며 접었던 부채를 활짝 펼치는 순간, 부채 끄트머리가 찢어지더니 마지막 부채살이 아래로 툭 처진다. 지켜보던 이들이 일제히 술렁인다.

떨어진 부채에 먹빛 산수화가 그려져 있다. 운동 경기 전날, 시합에 뛸 주전 선수를 가리는 감독 마음으로 명창은 이번 공연에 나설 부채를 고르느라 고심했을 것이다. 홀로 무대에 선 그녀가 기댈 소품은 오로지 부채뿐이다. 흥부가에 어울리려면 전반부는 관객 시선을 빼앗지 않도록 글자가 차분하게 쓰여 있거나 그림이 담백하게 그려진 것으로 골랐을 테고, 후반부는 흥부

네가 복 받아 행복해지는 결말이니 좀 더 화려한 빛깔의 부채를 뽑지 않았을까. 그 가운데에서도 비록 낡았으나 자주 애용하여 손에 익은 부채에 눈길이 끌렸으리라.

명창은 당황하지 않고 옆으로 걸어가 앉더니 소반 위에 찢어진 부채를 내려놓고 다른 것을 들고 일어선다. 선수가 교체된다. 미리 후보 선수를 준비해 둔 모양이다. 새롭게 펼친 부채는 짙은 노란색만 보일 뿐 어떤 문양도 그려져 있지 않다. 튼실해 보이는 것이 얼핏 봐도 젊고 단단한 새바람이다. 바람이 바뀌었다. 빳빳한 대오리에 종이를 붙인 후 얼마 지나지 않은 두툼한 소리다. 명창은 차분히 다음 대목을 이어간다. 귀는 그녀의 소리를 들으면서도 눈은 무대 끝에 비껴있는 헌 부채에 자꾸 가 머문다.

살다 보면 바람이 바뀌어 삶의 무대에서 퇴장하는 경우가 있다. 잠시 밀려나기도 하고 영원히 돌아오지 못하기도 한다. 운동선수는 부상을 당하거나 성적이 나오지 않아 경기장을 떠나고, 직장인은 원치 않은데도 해고되거나 정년이라는 이유로 일터를 떠날 때가 오는 것이다. 건강이 무너져 가족을 돌보지 못하는 시기도 찾아오고 안타깝게도 남보다 일찍 생의 터전을 벗어나기도 한다. 그런 상황이 온다면 어떻게 하면 좋을까. 다시 바람의 방향이 바뀌기만 기다리고 있어야 하는지. 직접 바람을 찾아 나선 적이 있다.

　전주는 부채의 고향이다. 전라감영 선자청 전시관에 갔을 때 부채 장인이 반갑게 맞아주었다. 나이가 지긋할 것이라 상상하고 갔으나 생각보다 젊은 분이었다. 부친이 해오던 부채 작업을 어려서부터 도와 경력이 오래되었고 뒤를 이어 선자장이 되었단다. 장인이 만드는 전통 부채는 대나무 겉껍질로 살을 깎아 한지를 붙인다. 합죽선은 선이 정교하고 그림이 화려하여 예로부터 선비들 사이에서 인기가 많았다고 한다. 임금에게 진상하던 부채이기에 여름이면 선물로 주고받을 정도로 매우 귀하게 대접을 받았었다.

　공연장에서 소리꾼의 너름새나 춤꾼의 춤 동작을 보충해 주는 부채는 무당이 굿을 할 때도 빠질 수 없는 무구이기도 하다. 보통 사람들에게도 더위를 몰아내는 용도 외에 따가운 햇볕을 가려주고, 사람 사이에 얼굴을 살짝 가리는 막이 노릇까지 하였다. 이제 선풍기와 에어컨이 현대 생활 깊숙이 자리 잡았다. 주변에서 흔하게 여기던 물건이었으나 편리한 기계 바람에 밀려 애써 부쳐야 하는 손바람은 인간 삶에서 서서히 퇴장하고 있다. 설 자리를 잃어가는 것이 어디 부채뿐이겠는가. 찾는 이가 줄어든 탓에 부채 장인의 일거리도 적어졌다. 이 시대의 가장인 장인 또한 어쩔 수 없이 삶의 차가운 공기를 견디는 중이었다.

부채 전시관을 둘러보다가 바구니에 담겨진 상처 난 부채들을 보았다. 장인은 종이가 찢어지거나 살이 부러진 것들을 정성스럽게 매만져 새로이 사용할 수 있도록 고친다. 누가 알아주지 않아도 전통을 되살리려는 그의 성실함이 스스로 새바람을 만들어 가고 있다. 명장의 솜씨가 알려지면서 영화나 공연장에서 그가 만든 부채를 들고 연기하는 배우들이 늘었다고 하니 그것을 계기로 조금이라도 그의 삶이 숨통 트였으면 좋겠다. 근래에는 나라 안팎으로 인기 있는 방탄소년단이 부채를 들고 노래한 덕분에 여러 나라에서 우리 부채가 유행을 타고 있다는 반가운 소식도 들린다. 삶에는 매서운 바람만 계속 불지 않는다.

운運이라는 것이 있다. 돌고 도니 '구를 운'이다. 세상사 눈보라만 달려드는 것이 아니라 시간이 지나면 봄을 알리는 꽃바람도 찾아오기 마련이다. 삶에 바람이 바뀌었다면 기다려 볼 일이다. 어떤 바람이 불어오든 부채 장인은 묵묵히 전통 바람을 지킬 것이고, 바람이 머문 자리에서 소리꾼은 아끼는 부채를 들고 다시 공연에 나설 것이다.

잠시 휴식 시간을 가진 명창이 옷을 갈아입고 나온다. 자주색 비단 치마에 연분홍 자수가 놓인 백색 저고리를 입었다. 새색시처럼 달뜬 모습이다. 목단꽃이 화사하게 그려진 쥘부채를 잡았다. 흥부가 박을 타는 장면에서 부채를 펼쳐 슬근슬근 앞뒤로 당기는 시늉을 하니 목단꽃이 그네 타듯 허공에서 노닌다. 관객들도 박자를 맞추며 시계추처럼 고개를 흔들거린다. 흥부네 집에 제비가 가져온 남쪽 바람은 따스하다. 인생사 흥부네처럼 기다리던 봄바람이 불어오면 얼마나 좋을까.

정신은 어디에 팔렸을까

출근을 해야 하는데 아직 세탁기의 빨래는 시간이 남았다. 출발을 잠시 미루고 노트북을 켠다. 글다듬기를 시작한다. 중복으로 쓰인 단어를 바꾸려고 비슷한 낱말을 찾다가 수업 중에 '순우리말 사전'을 참고해보라는 조언이 생각나서 핸드폰에 사전 앱을 설치한다. 아래에 국어사전도 눈에 띄어 다운로드 받는다. 찾으려 했던 말은 제대로 찾지 못했는데 출근 시간을 넘어선다. 세탁기는 이미 완료 신호를 보내왔다. 마음이 급해진다. 빨래를 후다닥 널고 집을 나선다.

사무실 근처 육차로는 교통신호가 3분 주기이고 보통 서너 번의 초록불을 받아야 지나간다. 교차로에 도착한 차는 어김없이 긴 줄을 선다. 느릿느릿 앞으로 전진하는데 카톡 알림이 울린다.

기다리는 사이 휴대전화를 연다. 새로운 수필 한 편이 단체 대화방에 올라와 있다. 문자를 누르니 글이 쫙 뜬다. 읽기 시작하는데 갑자기 앞차와 간격이 벌어진다. 서둘러 출발했으나 옆으로 끼어드는 차 때문에 멈칫한다. 아차, 내가 느렸다. 운전에 집중하지 않은 탓이다. 다시 3분의 기다림이다. 글을 마저 들여다본다. 네 번의 신호를 받는 동안 전체 글을 훑었으나 세세하게 읽지 못한 탓인지 머릿속에 남지 않는다. 사무실에 도착하여 차분히 확인해야겠다. 운전이나 신경 쓸 걸 후회한다.

 점심을 먹기 위해 탁자 위에 도시락을 펼쳐 놓고 핸드폰을 왼쪽에 놓는다. 오른손으로 수저를 들고 왼손으로 인터넷 뉴스를 검색한다. 아침에 읽었던 내용에서 새로운 소식이 별로 없다. 이번에는 연예 뉴스를 살핀다. 지난 밤 드라마의 주요 장면이나 예능 프로에 관한 이야기뿐이다. 손가락으로 뉴스 제목을 밀어 올리는데 좋아하는 배우에 관한 글이 눈에 띈다. 그의 운세가 매우 좋아서 자연재해도 피해 간다는 풀이를 예능에서 방송했단다. 그래서 국가재난 때마다 지인들에게 '지금 어디 있느냐'는 질문을 자주 듣는다며 우스갯소리를 한다. 그의 사주가 궁금해져 검색사이트에서 찾아본다. 그동안 밥그릇은 다 비웠다. 식사를 한 건지 뉴스를 본 것인지 정신없이 점심시간이 지나간다.

 상담이 비는 시간에는 주로 명리학책 필사를 한다. 잠깐 짬이

나서 책을 펼쳤다. 옮겨 적을 페이지를 열고 연필을 드는데 카톡 알람이 울린다. 친구들 단톡방에 가을 여행 숙소에 관한 질문이 올라온다. 질문한 당사자와 직접 통화를 한다. 대화방으로 돌아가 전체 멤버가 알 수 있도록 문자를 남긴다. 노트에 몇 글자를 적는데 다른 이의 일정 변경에 대한 요청이 있다. 시월 달력 사진을 올려준다. 카톡카톡, 몇 번의 대화가 더 오간다. 연필을 다잡고 필사에 집중하려는데 이번에는 보이스톡 신호음이 요란하다. 대화창에서 여행 소식을 접한 친구의 장거리 전화다. 통화 도중에 다음 예약 손님이 들어선다. 공부할 시간을 훌쩍 넘겨 버렸다.

 계속된 상담 탓인지 간밤에 잠을 설친 탓인지 머리가 무겁고 지끈거린다. 삼십여 분 여유가 있어서 의자에 기대어 눈을 감는다. 눈꺼풀이 무겁지만 긴장이 풀려서인지 허기가 진다. 얼른 감자 네 알을 씻어 찜솥에 앉힌다. 의자로 돌아오니 머릿속이 생각들로 어지럽다. 처리하지 않은 일들이 떠오른다. 벌떡 일어나 전화번호를 찾아 프린터 잉크를 주문하고 핸드폰 페이머니로 결재를 한다. 다시 눈을 감으니 감자를 얹어 놓은 솥이 걱정된다. 일어나 불을 낮추고 젓가락으로 찔러본다. 아직 덜 익었다. 잠깐의 쉴 시간도 후다닥 콩이 튀듯 흘러간다.

 한 달에 한 번 있는 독서 모임이다. 약속 시간 전에 도착해 자리를 잡는다. 하나둘 회원들이 들어선다. 각자의 곁에 전화기가 얌전히 놓여 있다. 지난달에 공지한 책으로 모임을 시작한다. 그때 누군가의 전화기 진동이 울린다. 전화 받는 이는 고객과 통화하고 나머지는 토론을 계속한다. 잠시 후 내 전화기 떨림이 온다. 문의 전화여서 조심스럽게 응대를 해 준다. 다른 이들은 아랑곳하지 않고 책 이야기를 이어간다. 의견들이 한창 무르익는데 또 다른 이가 휴대전화를 뒤적인다. 뭔가를 검색하는 모양이다. 모임은 어수선하지만 익숙하게 무리 없이 진행된다.

  집에 가는 도중에 벨이 울린다. 블루투스 이어폰을 귀에 꽂고 통화 버튼을 누른다. 단골손님의 전화다. 엄마의 잘못으로 딸아이가 경찰서 조사를 받게 되었다며 급한 상담을 원한다. 차는 골목으로 접어들어 좌회전 신호에 걸렸다. 조사를 받을 때는 사실대로 말해야 벗어날 수 있다는 조언을 한다. 딸의 운이 나쁘지 않으니 안심하라며 다독인다. 그사이 차는 내리막길로 접어든다. 동네 길이라 천천히 운전을 한다. 아파트 입구에 들어서며 간신히 통화가 끝이 난다. 운전을 하면서 정신을 이어폰에 집중해서인지 귓바퀴가 얼얼하다.

  네이버 지식인에 새로운 상담 신청 알람이 울린다. 타로카드와 블루투스 자판기를 꺼내 핸드폰에 연결하고 화면을 누른다. 한 번 시작 버튼을 누르면 정해진 십 분 동안 중간에 마음대로 종료할 수 없다. 어떻게든 요청 시간 동안은 이어가야 하기에 온몸이 긴장 상태이다. 오 분쯤 지났을까. 전화가 들어온다. 신호가 오면 통화 화면으로 바뀌어 상담이 어려우니 재빨리 받고 화면을 전환해주어야 한다. 친한 언니가 언짢은 일이 있는지 울먹인다. 마음은 급한데 선뜻 통화를 중단할 내용이 아니다. 이럴 땐 상대가 전화를 끊어주면 좋으련만 어쩔 수 없이 스피커폰을 켜고 상담 화면으로 돌아간다. 눈과 손이 바쁘지만 정신을 집중해 본다. 그녀의 하소연을 계속 들으며 십 분의 문자 상담 응대까지 무사히 마치고 종료 버튼을 누른다. 가슴 졸이던 상황이 끝났다. 피로가 확 밀려온다. 종일 내 정신이 어딘가에 나갔다 돌아온 느낌이다.

 누가 내 정신을 사 갔는가. 전화기를 손에 쥐기만 하면 유혹에 빠진다. 정신을 한곳에 모으면 어떤 일도 이루어지지 않으랴 했거늘 제대로 삶을 살아내긴 했을까 의심스럽다. 글다듬기서부터, 상담과 모임까지, 심지어 운전과 밥 먹는 일조차도 수박 겉핥기 시간들의 연속이었다. 마치 저잣거리에 내놓은 것처럼 일상이 번잡하다. 진정 전화기가 정신을 가져가는가. 구차한 변명이다. 정신을 붙들어두지 못한 주인의 어지러운 생활 탓이다. 스마트폰을 사용한다고 모두 포노사피엔스 삶은 아닐 것인데 휴대전화와 공존하려면 어떻게 해야 할까. 난감하다. 다시 핸드폰부터 검색해 봐야겠다.

물푸레나무를 만나다

어둠이 눈에 익으니 남자 모습이 뚜렷해진다. 앞뒤 분간이 어려운 암실에서 그가 커다란 상을 앞에 두고 쉼 없이 분사기로 옻액을 뿌려댄다. 화가의 거침없는 붓질 같으면서도 오케스트라 단원 앞에 선 지휘자의 손길처럼 부드러이 박자도 맞춘다. 둥근 상 위로 분사기가 지나가면 땅거미가 지듯 옻빛이 겹겹이 쌓여 짙어진다. 사십여 년 오직 외길을 걸어온 옻칠 장인이다. 단단한 등에서 긴 시간을 견뎌낸 자의 꼿꼿한 자신감이 내비친다.

마당에 물푸레나무가 널브러졌다. 고향 떠난 나무들이 바람과 햇볕에 몸뚱이를 내맡겼다. 나뭇가지를 물에 담가 놓으면 물빛이 푸르게 변하여 물푸레라는 고운 이름을 얻었다. 북유럽에서 전해오는 물푸레나무 신화가 있다. 최초의 신 '오딘'이 물푸레나무에 매달려 수난을 이겨내고 지혜의 신으로 변신한다. 트로이 전쟁에 참가한 아킬레우스 전사도 물푸레나무로 만든 창을 '바람이 길러준 창'이라며 신성시하였다. 우리나라에서도 제사상의 제기나 스님의 공양 그릇인 발우를 물푸레나무로 만든다. 동서양에서 변하지 않는 신의나 신념을 상징하는 나무다. 땅의 기운을 힘껏 빨아올리던 뿌리, 하늘 향해 내뻗던 줄기와 잎사귀도 온데간데없이 기둥만 남았다. 나무는 제 몸의 수분이 마를 때까지 장인의 손길을 기다리는 중이다.

동그랗게 잘라놓은 물푸레나무 도막을 기계에 끼워 회전시키니 나무속은 파이고 껍질은 갈린다. 갈이 작업이다. 마치 물레로 그릇을 빚는 것 같다. 톱밥은 사방으로 튕기고 뿌연 먼지는 안개마냥 주위에 떠다닌다. 반들반들 윤기 흐르는 붉은 제기만 봐왔는데 막 빚어 놓은 막사발 같은 투박한 백색 그릇은 처음 대한다. 물푸레나무가 제기祭器로 탈바꿈한다. 제기의 나이테 무늬는 아직 정제되지 않았고 표면은 거칠고 울룩불룩하다. 열정은 가득하지만 삶의 태도가 세련되지 않아서 좌충우돌 생의 경험을 쌓아가는 풋내기들과 흡사하다.

장인에게도 터실터실한 속살을 드러내던 신출내기 시절이 있었다. 청년일 때는 고시 준비도 해보고 기업체 취직에 도전했으나 높은 문턱에 좌절하였다. 어쩔 수 없이 가업인 목기 공예를 배웠다. 걱정이 태산인 부모 곁에서 정작 그는 나무를 매만지는 일이 싫지만은 않았고 조심스럽게 목공예기능장이라는 목표도 가졌다. 목재를 다루는 초보의 손길은 어설프고 일 속도는 빠르지 않았으나 매사를 진중하게 대했다.

그가 정성껏 사포질한 목기를 층층이 돌탑 쌓듯 올린다. 깎은 제기는 건조장에서 다시 반년 정도 묵혀서 바짝 말려야 한다. 그러는 사이 기다림을 견디지 못한 목기는 수분이 빠지면서 뒤틀리거나 갈라져 쪼개진다. 인간사나 나무 그릇이나 여물지 못하면 도태된다는 것을 여실히 보여준다.

기다려야 빛이 나고 가치를 더하는 것들이 있다. 대나무 통 속에 넣어 불에 굽는 죽염과 아홉 번 쪄서 말린 숙지황이나 홍삼 같은 한약재는 독성이 제거되고 효능이 좋아져 귀한 대접을 받는다. 장시간 보관하면서 숙성이 잘된 와인도 오랜 벗처럼 깊은 맛과 향이 난다.

나 또한 여러 직업을 전전하였다. 맛깔난 폐백 음식을 만들겠다는 포부도 있었고, 물맛 좋고 공기 맑은 곳에서 토속 장을 수차례 담그기도 하였다. 조리사 자격증도 땄으나 막상 일할 곳은 주어지지 않았다. 간장 된장만으로 수입 없는 일에 매달리기에는 당장 책임져야 할 가족이 있었다. 꿈만 좇기에는 서툴고 미숙한 삶이었다.

　건조된 백골 제기는 고운 사포결을 거치고 나서 까만 옻을 입는다. 거듭된 붓끝에 투명한 옻빛이 짙어지면서 물푸레나무의 나이테가 선명히 드러난다. 붓질을 끝낸 장인이 실내 벽면에 물을 쏘아댄다. 다른 칠들은 열로 말리지만 옻칠은 습기로 말린다. 제기는 열네 시간에서 길게는 이틀에 걸쳐 말린 후 또다시 사포질을 하고 칠을 하는 과정을 여섯 번이나 더 거친다. 장인으로 인정받기까지 그는 피부에 닿는 물기만으로도 제대로 나온 옻빛을 알아차릴 만큼 옻칠 과정과 한몸이 되었다.

　한때는 남원 칠공의 수가 수만 명을 넘었다. 많은 분야가 그랬던 것처럼 손이 많이 가는 목재와 옻칠은 자연히 기반이 무너지고 쇠퇴의 길을 걸었다. 그 세월 속에서도 그는 전통의 옻칠이 가치 있는 작업이라 여기며 어떤 안료로도 따라 올 수 없는 옻색을 개발했다. 나무에서 따온 생칠 원액을 햇빛에 비추면서 고무래질을 해주면 진한 밤색 칠을 얻을 수 있다. 장인이 옻칠의 빛깔에 기대어 세월을 삭이는 동안, 전통문화에 대한 관심이 높아졌고 더불어 옻칠도 재조명을 받기 시작했다. 마른 나무에 줄무늬 옻꽃을 피우는 동안 장인의 삶도 만만치는 않았으리라. 변하지 않을 옻빛에 대해 고민하면서 생계라는 사포질에 다듬어지고 기술자에서 장인으로 덧입혀지며 목질 같은 생을 버텨내지 않았을까.

　오래 견뎌야 한다. 오래 견디려면 자신이 좋아하는 일을 넘어서 재미를 더하고 신나는 일이어야 한다. 아무리 좋아하는 일이라도 그 길을 걷다 보면 높고 험준한 산이 앞을 막아서기도 하고 시퍼런 강물이 잡아챌 듯 소용돌이치며 다가서기도 한다. 험난하고 오랜 수련을 견뎌내야 비로소 인정받는 장인의 반열에 오른다. 물푸레나무가 오랜 건조과정과 거듭된 옻칠 과정을 거친 다음에야 명품의 제기로 거듭나듯, 그 장인 역시 톱밥 먼지를 먹은 세월의 깊이에 더해 아무나 범접하지 못하는 옻빛을 얻고서야 목공예분야 거목으로 우뚝 서게 되는 것이다. 서 있는 나무는 결코 성장을 멈추지 않는다.

누운 석인

인흥마을 수봉정사로 들어선다. 앞마당의 소나무가 첫인사를 건넨다. 하늘을 향한 솔가지는 마당 위로 긴 그림자를 드리웠다. 그 사이로 단정하게 앉은 한옥 한 채가 의젓하다. 정갈하게 다듬어진 정원을 걷노라니 밖에서 일어난 어지러운 마음이 가라앉는다. 문 하나 열고 들어왔을 뿐인데 속세와 멀어진 듯하다.

 누마루 아래 회백색의 둥근 돌덩이가 시선을 끈다. 우람한 소나무와 고즈넉한 고택에 정신이 팔려 하마터면 지나칠 뻔했다. 허리를 굽혀 들여다보니 돌사람 둘이 기다랗게 누워있다. 각이 반듯한 관모를 쓴 머리는 대문 방향으로 두었고 얼굴은 후덕하니 넓적한데 입은 엄하게 다물었다. 두꺼운 도포는 어깨를 감싸

둘렀고 소맷자락은 발까지 늘어뜨렸다. 옷 선이 물결을 그리며 굽어 흐른다. 가슴께로 공손하게 홀을 들어 임금이 부르면 당장이라도 나아가 머리를 조아릴 것만 같다.

 솔숲을 병풍으로 둘러친 망자의 집을 지켜야 할 석물이다. 돌로 만든 사람은 왕릉이나 높은 벼슬을 한 사대부의 무덤 앞에 서 있다. 관복을 갖추어 입은 문인석과 갑옷을 두른 무인석, 그리고 천진한 동자석이 동물 형상과 함께 장식되었다. 돌사람은 진달래 향이 산허리를 도는 봄볕에 달뜬 마음도 열어 보이고, 무쇠라도 녹일 듯 태양이 따가운 여름날 지나는 소낙비라도 만난다면 온몸을 내맡긴다. 찾는 이 없는 겨울이면 설풍의 차가운 고독도 받아들인다. 비바람에 단단하던 몸뚱이는 여기저기 파이고 뿌리 내리려는 이끼에게 숨구멍도 내어주면서 검푸른 세월의 옷을 걸친다.

 있는 곳이 기이하다. 푸른 잔디를 딛고 서서 산새를 벗 삼아야 하는데 하필이면 손님을 맞이하는 사랑채 누마루 밑에서 눈비를 피하고 있다. 갈 곳 잃은 신세는 허공에 눈길을 둔 채 무심히 누웠다. 금방이라도 말을 건넬 듯 표정이 생생하여 머문 지 얼마 되어 보이지 않으나 벌써 구십여 년째 같은 자리에서 움직이지 못하였다. 혹여 망부석으로 누군가를 기다리고 있지는 않은지.

 산으로 홀로 간 이는 수봉 문영박이다. 선생은 일제에 의해

국권을 잃게 되자 인재를 키워야 나라를 되찾을 수 있다는 일념으로 전국 각지를 돌아다니며 재산을 내어주고 귀한 책들을 모았다. 그는 광거당이라는 공간도 열어 학자들이 마음껏 드나들며 논의할 수 있도록 하였다. 임시정부 시절에는 비밀리에 독립자금을 보내어 지원해주었다. 가진 것을 풀어 세상에 도움을 주고자 했던 그를 기리고자 후손들은 돌사람을 만들었다. 그러나 선생은 자신의 장례를 검소하게 치르라는 유지를 내렸다. 자손들은 돌아가신 이의 뜻에 따라 병석에 계실 때 준비해 둔 돌사람과 용두를 그가 떠난 후에도 수봉정사에 두었다.

흔들리는 순간이나 선택의 기로에 서게 되면 어떻게 살 것인가를 묻게 된다. 관련된 책을 읽고, 앞서가는 이들의 강연장으로 달려가 그들의 지혜를 배운다. 지인들은 진심 어린 의견을 내놓기도 하지만 막상 문제를 해결하려면 누군가 대신해 줄 수 없으며 현명한 조언보다도 스스로 행동하지 않으면 안 되는 일이 더 많다. 때로는 기도를 드리면서 해답을 구하기도 한다. 팔공산의 갓을 쓴 부처 석상과 상주 퇴강성당 예수 석상은 신앙의 상징이다. 간절히 바라는 기원을 새겨 간직하기에는 썩지도 쉽게 변하지도 않는 견고한 돌이 제격이다.

편편한 바위에 생명력을 불어넣던 경산 와촌면의 석공이 떠오른다. 석공은 돌을 자르고 떼어내며 진정한 덜어내기 삶을 배워가는 중이라 했다. 석공예는 빼기의 예술이다. 돌덩어리를 밖에서부터 깎기 시작하여 대부분을 덜어내야만 원하는 형태를 만날 수 있다. 아까워하거나 남긴다면 아름다운 석상을 얻지 못한다. 돌 다듬는 작업은 진행하다가 잘못되더라도 다시 담아 굳히는 석고와 다르고 찰흙처럼 싹 뭉개어 새로이 빚지 못한다. 두 번이 허락되지 않기에 솜씨 좋은 석공만이 기꺼이 해낸다. 아파트 평수는 늘어나야 하고 통장 액수는 불려야 한다며 조급해하던 내게 석공의 말은 따끔한 일침이었다.

  한동안 집집마다 가훈 갖기가 유행했다. 글씨 잘 쓰는 이가 좋은 글귀를 써주는 행사도 벌이곤 했다. 내 아버지께서는 세 가지를 중요하게 여겼다. 어길 때에는 매섭게 회초리를 들어 지키도록 하였다. 어떤 상황에서도 거짓말을 하지 마라. 남을 속이면 자신의 삶 또한 그르치게 되고 실수를 덮겠다고 새로운 거짓을 꾸미면 일은 더 이상 손쓸 수 없는 방향으로 흐를 뿐이니 잘못을 인정하는 용기를 가져야 한다고 강조했다. 오늘 할 일은 내일로 미루지 말라며 수시로 게으른 생활도 경계했다. 어린 날에는 참견처럼 느껴지기도 했지만 메모하고 실천하는 습관은 아버지의 가르침 덕분이다. 당신께서는 내가 피하고 싶은 일은 다른 사람도 하기 싫을 테니 먼저 하라는 지침도 주었다. 아버지의 교훈을 번듯하게 가훈으로 새겨 두진 않았지만 매 순간마다 나를 지탱해 준다.

　어느덧 자식이 자라 자신들만의 길을 걸어간다. 나 역시 아이에게 자주 한 말은 "그래, 해 봐."였다. 무슨 일이든 부딪치며 경험해보길 바랐다. 하고자 했던 일들이 언제나 성공하면 좋겠지만 실패해도 괜찮다고 다독였다. 계획을 세웠다면 다양한 방법으로 연구하여 도전해봐야 한다. 그러나 정작 내 자신은 실행하지 못하고 생각만으로 그치기가 일쑤였다.

　부모는 자식 교육을 위해 가훈을 정하고 사람들은 가르침으로 삼는 말이나 문구를 곁에 두곤 한다. 수봉 선생이 평소에 자녀에게 당부하던 말도 남아 있다. 교육은 행실의 근본이라면서 독서와 학문을 하루도 쉬지 말 것과 찾아오는 손님에게 예로써 공경을 다하고 서책을 아끼고 소중히 다루라고 하였다. 수봉정사 마루 밑 석인은 본래 있어야 할 자리는 아니지만 생각한 바를 실제로 행하는 본보기다. 인흥마을 후손들은 돌사람을 볼 때마다 마지막까지 실천하는 삶을 보여준 수봉 선생의 유훈을 받들어 이어가고 있다. 말없이 누워 있는 의미가 액자나 족자에 넣어 어엿하게 걸어둔 백 마디 경구보다 무겁게 다가선다.

　머물러 사는 이가 없는데도 수봉정사에서 인기척이 느껴진다. 대문을 나서다 돌아보니 마루 아래에서 돌사람이 세상 한쪽을 떠받치고 있다. 저녁 바람에도 등 뒤가 든든하다.

진짜 폼이 나야 한다

깎아지른 벼랑이다. 자칫하면 구를 것 같아 오금이 저린다. 섬 모퉁이를 돌아온 골바람이, 힘겹게 버티고 선 발목이라도 넘어뜨릴 것처럼 사납게 할퀴고 지나간다. 그 기세에 떠밀린 옷자락이 쉬지 않고 펄럭이는데도 그는 카메라 앵글에 눈을 댄 채 미동 없이 셔터만 누른다. 나는 눈뿌리가 아찔하여 멀찌감치 물러섰다.

군산 대장도를 밤새 지키던 가로등은 우리가 산중턱을 오를 즈음에서 꺼졌고 꼭대기에 도착했을 때는 새만금 하늘이 아래부터 붉은 기운으로 메워지는 중이었다. 새벽부터 서둘렀건만 여명의 순간을 놓쳤다. 그는 척수염을 앓은 후유증으로 감각이 무딘 탓에 작은 돌부리에도 신발이 곧잘 걸린다. 산행 때마다 신경을 곤두세우고 바싹 긴장을 한다. 또 높은 곳에 오르면 다리가 후들거리고 몸을 제대로 가누지 못하는 고소공포증도 심하다. 이래저래 산을 타는 일은 꺼리면서도 카메라만 등에 지면 다람쥐가 나무에 오르듯 잽싸진다. 두려움조차 잊게 하는 그의 열정은 어디에서 오는 걸까. 아침 해가 섬 지붕까지 다다르자 격정적으로 찍어대던 카메라를 내리고 주섬주섬 장비를 챙겨 넣는다. 이내 바위에 걸터앉더니 지나온 삶을 커피잔에 담아 건넨다.

외아들이라는 굴레는 그의 손발을 묶었다. 친구들과 개울가 수영도 안 되고 산은 높고 바다는 깊어서 위험하니 갔다 하면 여지없이 어른들에게서 날벼락이 떨어졌다. 하지 말아야 할 것 투성이였다. 집안에서 천장의 무늬를 세고 바닥에 등을 붙일 뿐이었다. 덕분에 잠은 일상이 되었다. 늦잠 자는 버릇 때문에 명절 차례에 참석하지 못하는 지경에 이르러서는 부모님의 애간장도 타들어 갔다. 몸에 부대끼는 작업을 한 후에는 여지없이 쓰러져 눕기 일쑤였다. 입버릇처럼 여섯 시에만 일어나면 인생이 바뀌리라는 말을 하고 다녔으나 타고난 체질을 바꾸기는 쉽지 않았다. 끈기 있게 밀고 나가지 못하는 나약한 의지도 한몫했다. 부석하게 누워 있는 얼굴을 자주 자식들에게 보여주었고 하릴없이 컴퓨터 앞에서 바둑 게임이나 즐기는 한심한 아버지였다.

　그러다가 초등학생인 두 아이와 함께 영어회화 학원에 등록했다. 해외여행을 좋아하는 그는 외국인들과 자유롭게 말하고 싶었다. 설마 초등 영어 수업을 못 따라 가겠는가 호기를 부렸다. 첫 시간, 선생님과 한 팀을 이뤄 영어 연극을 펼치는데 평소에 알고 있던 단어조차 떠오르지 않았고 어떻게 문장을 만들어야 할지 몰라 쩔쩔매는 동안 야속한 시간만 지나갔다. 두 아이는 그럭저럭 대화를 풀어갔으나 그는 눈만 끔뻑이다가 입은 뻣뻣하게 굳어 말까지 더듬거렸다. 이마에 연신 땀방울이 흘러내리던 잊을 수 없는 순간으로 머리에 새겨졌다.

　영어회화 공부에 매달렸다. 유명하다는 왕초보 탈출을 위한 인터넷강의를 결제하고는 밤낮으로 이어폰을 귀에 꽂고 다녔다. 사람이 없는 곳이나 소음이 심한 기계실을 순찰할 때는 목이 쉴 정도로 외웠다. 낙숫물이 바위에 자국을 새기듯 귀에 딱지가 앉도록 들었더니 외국인의 말소리가 환청으로 들리고 영어 문장을 잠꼬대로 중얼거리기도 했다. 아이들 앞에서 땀만 흘려대던 아버지의 모습을 다시는 보여주고 싶지 않았다. 외국인을 만날 수 있는 기회라면 물불을 가리지 않고 찾아다녔다. 필리핀 원어민과 영상으로 익히고 페이스북으로 친구를 맺어 낯선 이들과 통화도 시도했다. 심지어는 외국인들이 많이 다닌다는 교회까지 예배를 보러 갔다. 노력은 배신하지 않아서인지 언제부턴가 회화 수업 시간뿐 아니라 외국에 나가서도 소통에 막히는 부분이 줄었다.

그가 달라졌다. 땅을 빌려 묘목 사업에 뛰어들었고 비닐하우스밭을 일구어 수박도 키웠다. 농사는 생명을 돌보는 일이다. 직장 생활과 병행하며 농작물을 키워내려면 아침잠은 줄이고 저녁 약속도 뿌리치는 수밖에 없었다. 자식들을 위한 일이다 싶어 없던 능력을 짜내었고 체력의 한계와도 싸웠다. 가장이 변해가는 모습을 가족들은 지켜보았다.

사진의 길에도 발을 들여놓았다. 친구 결혼식에서 여분의 카메라로 신랑신부의 움직임을 장난삼아 찍었다. 이후 자신이 찍은 사진들이 친구의 결혼 앨범을 채웠다는 사실에 슬쩍 기대를 가졌다. 당시로는 이름 있는 사진가의 권유도 있었지만 경제적 이유로 선뜻 따라나서지 못했다. 마음 구석에 꿈으로 남기고 살아오다가 오십이 넘어서면서 공모전 문을 두드렸다. 컴퓨터 프로그램 다루기가 서툴러서 포토샵 스승을 찾아 매주 타 도시로 오갔고 사진 선생을 만나면 남녀노소 가리지 않고 고개 숙여 가르침을 청했다. 평생교육원에도 등록하고 사진기능사 시험에도 도전했다. 새벽까지 눈을 비벼가며 문제집을 들여다보는 그를 주변인들은 진심으로 응원했고, 합격률이 낮다는 자격증을 받

앉을 때는 누구보다 자신이 자랑스러워했다.

그는 세상의 모퉁이를 찍거나 삶의 표정을 기록으로 남긴다. 공모전에 수상하여 목표 점수를 달성하면 한국사진작가협회의 인증서를 받는다. 그저 우직하게 점수를 쌓아가더니 드디어 작가 등록을 마쳤다. 자식에게 제일 좋은 공부거리는 부모의 뒷모습일 것이다. 시간을 쪼개서 당당하게 자신의 길을 찾아가는 아버지를 지켜보던 아들은 부모 도움 없이 학업을 마쳤고, 큰딸은 십 년의 현장 경험을 살려 그동안 모은 돈으로 창업을 했다. 막내는 아버지처럼 남들과 다른 삶을 살고 싶다며 또래들보다 앞서 학점 이수에 매달린다. 아이들은 의논할 일이 생기면 그에게 제일 먼저 전화를 걸어 의견을 구한다.

무뎌진 칼날을 벼리는 생이었다. 무던히도 배우고 익혔다. 넓은 평수의 아파트에서 살지 못하고 번쩍거리는 고급 차는 타지 않지만, 그는 자식들이 진정코 뒤따르고 싶은 아버지가 되었다. 진정 폼나는 인생이 아닐는지. 가파른 계단을 앞장서 내려가는 상윤의 등이 시리도록 푸른 바다를 덮는다.

사람이 산다

가리비껍질을 엎어놓은 듯 초가지붕들이 낮게 모였다. 동쪽 하늘은 희뿌옇고 가로등은 지쳤는지 기운이 없다. 어린 감잎은 어둠을 삼키고 검푸른빛을 띤다. 어느 지붕 아래에선가 수탉 한 마리가 목청을 돋우니 반대편 닭 무리가 화답하여 울어제낀다. 연달아 여기저기서 홰치는 소리가 들린다. 아침을 부르는 노래다. 드디어 마을이 깨어나 움직인다. 바람마저 일어났는지 창호지 사이로 전등 불빛이 일렁인다.

한 남자가 성곽 위에서 말인사를 건넨다. 다가서 보니 민박집 주인이다. 밤사이 불편한 점은 없었는지 묻는 말에 집안 어른이라도 만난 것처럼 반갑다. 산책하던 방향이 달라 스쳐 헤어진 후 민박집 마당으로 들어서니 어느새 먼저 와 있다. 옛날 이방이 살았던 집이라는 유래를 들려주며 군불 때는 집 뒤꼍도 구경하도록 이끈다. 지붕은 해마다 새로 입힌 이엉으로 시간을 층층이 쌓아 덮었다. 텃밭에는 고추 모종이 대나무 대에 기대어 줄 서 있고 몇 장 따서 쌈장에 푹 찍어 먹고 싶은 열무는 초록 잎이 짙다. 부지런한 농군의 손길이 빚어낸 작품이리라. 퇴직 후 민박집 운영 덕분에 노후를 그럭저럭 지내노라며 주름진 이마를 쓸어 올리는 그의 머리 위로 초가지붕 나이테가 선명하다.

 방문을 열고 툇마루에 내려서면 마당이 펼쳐진다. 울타리는 낮고 대문조차 세우지 않았다. 골목으로 이어진 마당은 세상 어디라도 연결될 것처럼 넓고 훤하다. 너른 마당을 닮아서일까. 아침에 따온 물기 머금은 오이를 선뜻 집어주는 주인장의 넉넉한 마음결이 그대로 따라온다.

 오래전 경주 양동마을을 찾았을 때다. 늦게 도착한 탓에 주위는 조금씩 어두워지고 있었다. 지나가는 길손을 향해 짖어대는 개소리만 요란할 뿐 마을 전체가 고요했다. 서백당 앞에서 사진 몇 장을 찍으며 친구와 주고받은 말소리가 조용한 동네에서 꽤 시끄럽게 들렸나 보다. 한 남자가 어디선가 나오더니 저녁에는 구경을 그만하고 돌아가란다. 이곳 사람들도 쉬어야 한다며 늦은 시간에는 여행객이 찾아오지 않았으면 좋겠다는 말이 매몰찼다. 급하게 빠져나왔지만 훈계가 가슴까지 와닿진 않아 돌아오는 차 안에서도 내내 씁쓰레하였다. 오히려 좀 별난 마을 주민쯤으로 여겨졌다.

  서울 북촌한옥마을에서는 관광객들 등쌀에 이사 가는 이웃이 늘었다며 아쉬워하던 아주머니를 만난 적이 있다. 강 건너 아파트에 딸네가 살고 있지만 젊은 시절부터 살아온 까닭에 낡은 집이어도 몸에 익숙하여 쉽게 떠나지 못한다 하였다. 여행객이 요즘처럼 많이 밀려들기 전에는 동네 사람들끼리 형님 동생 하며 음식을 나눠 먹고 외출할 때 대문 열쇠를 맡길 정도로 친하게 지내던 곳이다. 하지만 거의 떠났고 어떤 곳은 카페나 음식점으로 변했으며 누가 사는지 주인을 모르는 집도 여럿이라는 말이 생각난다. 이곳도 사람들이 실제로 거주하는 공간이라 조용히 해달라는 팻말이 골목 모퉁이마다 유난히 눈에 띄는 여행지였다.

  지난 주말에는 전주한옥마을에서 하룻밤을 묵었다. 퓨전한복을 멋스럽게 차려입고 삼삼오오 사진을 찍거나 소문난 음식점 앞에 늘어선 젊은이들로 골목마다 생기가 넘쳐났다. 그들의 놀이문화인 듯 한껏 들떠 있는 모습에 지나는 사람도 저절로 흥겨워지는 곳이었다. 마을을 안내하는 지도 한 장 들고 골목길 구석구석을 걷다가 돌아오니 툇마루에 주인 여자가 앉아있었다. 아직 도착하지 않은 숙박객을 기다리는 중이라 했다. 사십 대중반쯤으로 보이는 그녀는 몇 달 후면 그 집을 떠날 계획이라며 헛헛한 미소를 지었다. 건물을 빌려 이 년 정도 운영해 왔는데 코로나로 관광객이 줄었고 덩달아 게스트하우스나 커피점도 계속 임대료를 감당하기 어려워졌단다. 몇 달은 남편 월급으로 메꿔왔으나 이제는 손을 놓아야 할 지경까지 내몰렸다. 젊은이들의 떠들썩한 웃음소리는 반짝이는 조명을 지나 들려오는데 주인 여자의 나지막한 한숨 소리가 크고 무겁게 가슴에 와 꽂혔다. 겉으로는 화려한 관광지이지만 그 속에서 누군가는 가슴앓이를 하며 앞이 보이지 않는 삶을 꾸리고 있었다.

한 아파트에서 오랫동안 살아왔다. 아침에 출근하고 저녁에 돌아오는 시계추 생활이라 정작 위아래 집에 누가 사는지 얼굴을 모른다. 집이 이층에 있어 엘리베이터를 이용하지 않으니 더욱더 이웃을 마주칠 기회가 적다. 주차장에서 누군가 스쳐도 인사조차 나누지 않는다. 문 닫으면 완벽하게 바깥과 단절이 된다.

내게 그동안 이름난 마을들은 오직 관광지였다. 여느 여행지처럼 돌담을 끼고 걸으며 담 너머로 남의 집을 기웃거렸고, 초가집이나 한옥을 배경으로 사진을 찍어 여기저기 보내느라 바빴다. 한 바퀴 둘러보고 나면 맛집이라는 음식점을 찾아 거나하게 먹고 돌아오는 것이 전부였다. 그림 같은 풍경을 직접 보았다는 뿌듯함만 잠시 남았다.

　우연히 순천 낙안읍성 초가집 한 칸에 깃들어 하룻밤을 지내고 따스하게 건네는 아침 인사와 살아가는 이야기를 들으며 이 마을도 사람이 사는 곳이라는 사실을 새삼 깨닫는다. 다른 집보다 일찍 불을 밝히고 산책 나온 여행객에게 스스럼없이 집 안 구석구석을 둘러보도록 배려해 준 주인장의 후한 인심이 더욱 고맙게 다가선다. 인기 있는 드라마 세트장이 아니라 먹고 자며 일하는 주민들의 삶의 터전이라는 사실을 의식하게 되었다.

　그러나 나는 관광지에서 여행객이었으나 아파트 안에서는 여전히 이웃에게 타인이다. 삶이 어디에도 스며들지 못하고 겉도는 건 나만 그럴까.

그대로의 모습으로

너무나 사실적이다. 뙤약볕 아래에서 풀을 매던 외할머니의 고랑 진 얼굴도 보이고, 젖먹이 동생을 업고 가면 논둑에 앉아 빈 젖을 물리던 지친 어머니도 있다. 사진첩을 보는 내내 마음 한쪽에 바늘 끝이 오고가는데, 자꾸 눈길이 머물면서 한 장 한 장마다 애정이 가는 이유가 뭘까 생각해 본다.

최민식 사진가는 평생 인물사진을 찍은 작가로 유명하다. 그는 남들이 외면하고 싶은 불편한 현실을 카메라에 담았다. 그의 사진을 처음 접했을 때 가슴을 아릿하게 하고 눈가를 적시게 하여 순간순간 사진첩을 덮고 싶은 충동이 일었다. 그의 사진들을 보노라면 잊고 있던 오래전 기억을 불러들인다. 문득, 불긋한 흉터가 가득 뒤덮여 쳐다보기조차 싫던 얼굴을 떠오르게 한다.

삼십 대 초반, 갑자기 얼굴에 검붉은 열꽃이 피어나기 시작했다. 하나둘 늘어나더니 어떤 날은 허연 고름이 터지고 새빨간 피가 섞여 흘렀다. 거울 속에 비친 모습이 괴기스러웠다. 터진 자리는 불뚝불뚝 부어올랐다. 상처가 아물면 다시 솟거나 뻘건 자국을 남겨 성한 곳을 찾기 어려웠다. 딱지가 덕지덕지 앉은 멍게껍질 얼굴이 되어갔다.

 팥알 만한 종기가 생긴 지 얼마 지나지 않아 가족들과 경주 여행을 갔을 때이다. 불국사 경내의 분홍 겹벚꽃 아래에 모여 기념사진을 찍었다. 인화해보니 밝게 웃는 가족들 사이로 흉터투성이 얼굴 하나가 옥에 티처럼 끼어 있었다. 순간 눈물이 핑 그르 돌았다. 그 뒤로 사진 찍기를 피했다. 결혼식 등 집안 행사에서 카메라만 보면 멀리 도망부터 다녔다. 있는 그대로 찍히는 사진 속 나를 마주할 자신이 없었다. 사람들 많은 곳에 가는 일도 줄였다. 한껏 움츠린 채로 숨어 지내던 시간이 흘러갔다.

 최민식의 사진은 화려한 색감보다는 대부분 흑백으로 처리되어 있다. 그 사진들이 흑백이어서 얼마나 다행인지. 가감 없이 드러낸 맨얼굴들을 총천연색으로 나타냈다면 바라보기가 더욱 힘겨웠으리라. 그는 다양 각색의 삶을 단순화시켜 검정과 흰색 두 가지로만 남겨두었다. 덕분에 한 꺼풀 가리고 그의 작품들을 쳐다볼 수 있었다. 만약 내 얼굴의 붉은 흉터가 흑백사진으로 찍혔다면 까만 점들로 표현되었겠지. 그랬다면 조금은 대하기가 편했을까.

찍히기는 거부하고 찍는 쪽을 택했다. 동문 체육대회에서 달리고 넘어지는 광경들을 촬영하여 동창회 밴드에 올렸다. 참석한 사람에게는 잊히지 않는 추억을 선물하고 자리에 없는 이에게는 흥겨운 분위기를 같이 느끼도록 운동장을 누비며 다녔다. 모임에서는 멋을 내어 차려입고 나온 고운 자태를 담아 단체 대화방으로 보냈다. 두 딸이 자라는 과정도 틈틈이 모아두었다. 아이들에게 배경 좋은 곳에 서 보라 하면 귀찮다며 잔뜩 얼굴을 찌푸렸다. 샐룩거리는 볼조차 사랑스러워 얼른 셔터를 눌렀다. 아름다운 경치보다 인물 사진 찍는데 관심이 많아졌다. 사람들이 웃고 즐기는 순간을 포착할 때는 내가 더 행복했다. 그래서 손에는 늘 휴대폰과 카메라가 떠나지 않았다.

십여 년 동안 사진이란 오로지 타인들의 풍경이라 여겨 내가 담기는 것은 거부했다. 그러다가 운전면허증 갱신용 사진이 필요하게 되어 어쩔 수 없이 사진관을 찾았다. 두텁게 화장을 하고 두려운 마음으로 카메라를 향해 섰다. 화장이 아닌 분장을 한 사진을 받아들었을 때 꾹꾹 눌러 담아놓은 눈물샘이 툭 터졌다. 재빨리 흉터를 찾아보았다. 검붉은 염증들이 사라지고 얼금숨숨한 잔영이 가려진 채 사진 속 낯선 얼굴이 어색한 웃음을 짓고 있었다.

 사진 동호회를 따라다니기 시작했다. 매화꽃을 필두로 산수유꽃을 찾아가고 청보리밭으로 봄볕이 장쾌해지는 사이 벚꽃이 흩날리고 유채꽃과 수선화가 하늘거린다. 장미꽃에 코를 파묻을 즈음 능소화가 담장에 피어나면 비를 부르는 수국이 손짓한다. 연밭에서 백련이 올라오고 해바라기 노란빛이 환해질 때 더위는 여름 속으로 내달린다. 배롱나무꽃이 무채색의 절간에 붉은색을 입히고 핑크뮬리 곁으로 연인들이 거닐면 부부송이 있는 하동 들판에서 가을이 익는다. 찬바람 맞으며 상고대를 찾아 산을 오르고 뚝뚝 떨어진 동백꽃을 담노라면 다시 매화 소식이 멀리서 들려온다. 전국을 누비는 동안 계절은 전령사 얼굴만 바꿀 뿐 제가 가진 빛깔대로 피고 지고 돌고 돌았다. 자연은 애써 꾸미지 않았다.

 사진을 찍으며 있는 그대로 표현하기가 얼마나 어려운 작업인지를 배운다. 비가 오거나 먹구름이 가득한 날에는 장노출로 빛을 잡고 한낮에는 필터로 강한 햇볕을 차단한다. 자연스럽게 묘사되기도 쉽지 않은데 예쁘다 흉하다 곱다 밉다고 가르면서 디지털 보정 작업을 거치기도 한다. 최민식 작가는 사진이란 일상의 그늘을 외면하지 않고 삶의 진실을 그대로 담았을 때 공감과 감동을 주며 예술적 가치가 있다고 말했다. 그의 사진들은 가난과 고통을 부끄럽게 여기지 않고 보이는 대로 표현했기에 더 소중하다. 누구나의 삶이 모두 특별했던 것이다. 사진 속 사람들이 내게 말을 건다. 눈에 비친 그대로의 나를 보여주어도 창피하게 여길 일이 아니라고.

이제는 맨얼굴로도 당당해지리라 다짐하며 카메라 앞에 서기 시작했다. 출사 날에는 회원들끼리 서로 모델을 서며 풍경이 되어준다. 미리 화려한 빛깔의 옷을 입고 촬영에 쓰일 소품들을 챙겨온다. 여러 명이 계단 위에 앉아 이야기 나누는 장면을 연출하고 우산을 들고 징검다리 위에서 동시에 발돋움하며 뛰어오른다. 사진 찍기에 열중인 사진사가 소재가 되기도 한다. 신입회원은 어색한 동작으로 주춤거리고 오래된 회원은 자연스레 포즈를 취한다. 나도 출사에 여러 번 따라가 모델로 나섰는데도 번번이 몸자세는 부자연스럽고 얼굴은 경직된다.

곧게 뻗은 메타세쿼이아 아래 맥문동꽃이 한창이다. 진초록 잎 사이로 아침 햇살이 비스듬히 비춘다. 나무의 긴 그림자가 보라색 도화지 위에 그림을 그리듯 드리워진다. 노란색 원피스를 입고 빈 길 가운데로 걸어간다. 챙이 넓은 모자를 쓰고 손에는 빨간색 부채를 펼쳐 들었다. 여신처럼 도도하게 의자에 앉기도 하고 발레리나 무용하듯 허리 위에 손을 올려도 본다. 얼굴에 미소가 없으니 헤살헤살 웃으라며 사진사님들이 주문한다.

제 딴에는 웃는다고 하는데도 입가가 자꾸 굳는다. 애써 주름진 멍게껍질 얼굴을 편다. 셔터 누르는 소리가 요란하다.

산속 등대

시간이 정지된 모습이다. 건물을 허물기 위해 뜯어내다가 그대로 멈추었다. 철근들이 구불구불 휘어진 채로 벽을 뚫고 튀어나와 있다. 살집 역할을 하던 벽돌들은 보이지 않고 야윈 손등의 힘줄마냥 뼈대만 거칠게 돌출되었다. 넓은 대지 위에 버티고 선 구조물이 평범하지 않다.

 무작정 이름 하나 보고 찾아왔다. 깊은 숲속에서 만나는 등대도 생소하지만 '산속 등대'라는 말이 더욱 생경하다. 미술관 표지판이 보인다. 안에는 그림들이 전시되어 있다. 허물어져 전체 윤곽도 없는 이 시설물도 설치미술인가 하는 의문이 든다. 기둥 사이로 '닦고 조이고 기름칠'이라 써진 문장이 돋보인다. 글자는 긴 세월을 겪은 흔적으로 군데군데 지워져 있다. 자세히 둘러본다. 처음 방문한 곳인데 낯설지 않다. 건축물들의 위치가 왠지 모르게 익숙하여 혼란스럽다. 그중에서 제일 눈에 띄는 것은 붉은 굴뚝이다.

　수출용 원단 염색공장은 나의 첫 직장이었다. 바로 뒤편에 커다란 공장 굴뚝이 있었다. 천을 물들이는 동안 발생한 열이 허연 연기가 되어 밤낮으로 뿜어져 나왔다. 염색 기계는 삼교대로 돌아갔다. 현장 안은 언제나 역겨운 화학약품 냄새와 후텁지근한 열 기운이 가득했다. 여공들은 원단을 규격에 맞춰 정리하고 포장하는 일을 했다. 잠과 싸워야 하는 야간 근무는 어린 내가 버티기엔 참으로 힘들었다. 그 모습을 지켜보던 숙련공들은 안쓰러운지 쌓아놓은 제품 사이로 들어가 잠깐 눈 붙일 시간을 만들어 주기도 했다. 한여름 공장 안은 숨이 목까지 턱턱 차는데도 대형 선풍기 몇 대만 돌아갔다. 선풍기 바람은 열기를 식히기는커녕 오히려 더위를 돋우었고 연신 솟는 땀은 작업복 사이로 줄줄 흘러내렸다.

　염색된 원단이 고온 기계 속에서 다림질되어 쉼 없이 쏟아졌다. 공장 구석 스피커에서 시끄럽게 나오던 음악에 맞춰 색색의 천들은 마치 춤이라도 추듯 흔들거렸다. 바람 없는 실내인데도 허공에서 하늘거리다가 사그락사그락 네모난 통으로 내려앉았다. 겨울에는 기계의 잔열로 언제나 옷감이 따뜻했다. 공장 생활이 힘겨우면 쌓인 천에 얼굴을 묻기도 했는데 그때마다 고향 어머니의 부드러운 치맛자락이 떠올랐다.

와이셔츠를 만드는 부서에서 하늘색 작업복을 똑같이 입은 수백 명의 여공이 줄지어 앉아 미싱을 돌렸다. 그중 일부 여공들은 야간 고등학생들이었다. 학교에 다닐 수 있다는 이유로 농촌과 산촌에서 모여들었다. 나이도 천차만별이었다. 옷감을 당기느라 손가락에 물집이 가실 날이 없었고, 쪽가위질이 서툴러 제품을 상하게 하면 관리자에게 혹독한 꾸지람을 들었다. 선적이 바쁠 때는 곱빼기 철야근무까지 해야 했다. 명절 연휴를 제외하고는 굴뚝에서 연기가 끊이지 않고 올라갔다.

정문 앞에는 규모가 큰 여자 기숙사가 있었다. 입구는 경비가 삼엄하여 아무나 출입하지 못했다. 우연히 들어가 본 기숙사 풍경은 창살 없는 감옥 같았다. 사감의 철저한 감독 아래 밤마다 점호는 필수이고 좁은 방에서 예닐곱 명이 생활했다. 몸을 겨우 눕히면 꽉 차는 자리였다. 한쪽 벽은 개인 물품을 넣는 사물함이 매달려 있었다. 그 안에는 활짝 웃는 가족사진이 걸려 있고 화장품 샘플은 나란히 놓였고 몇 벌 안 되는 옷들이 개켜져 객지 생활의 고단한 사연들을 담고 있는 듯했다. 회사 기숙사는 돈을 아끼고 몸을 쉴 수 있으나 자유를 맞바꾸는 구속된 생활이었다.

그녀들은 오후 다섯 시 벨이 울리면 작업복을 벗고 교복으로 갈아입었다. 여러 대의 버스에 나눠 타고 회사를 빠져나가 교문 앞에 도착하면 그때부터 여공에서 당당한 고등학생이 되었다. 나와 함께 품질관리 교육을 받던 경옥 언니도 야간부 학생이었다. 같은 동급생들보다 서너 살 위였는데 하동 산촌에서 중학교 졸업 후 부모님을 도우며 농사를 짓다가 왔노라 했다. 비록 야간부 학생이지만 졸린 눈을 부비며 열심히 공부를 했다. 언니의 꿈은 대학에 진학하여 간호사가 되는 것이었다. 경상도, 전라도, 제주도 등 전국의 소녀들이 옷 보따리를 들고 공장을 찾아들 때는 청운의 꿈들이 있었다.

  등대는 밤 배의 항로와 항공기에게 장애물을 알려준다. 그러나 등대가 뱃길와 위험한 곳을 경고해 주는 역할만 하는 것이 아니다. 먼바다에서 등대 불빛을 바라보며 기다리는 가족이 있는 육지로 돌아가는 희망을 갖는다. 여공들은 소설《외딴방》에 등장하는 영등포여고 산업체 특별학급에 다녔던 그녀들과 별반 다르지 않은 삶이지만 '꿈꾸는 자만이 삶의 어둠 속에서 길을 찾을 수 있다.'는 말을 떠올리며 형광등 아래에서 책을 펼쳤다. 야간부 학생들에게 공장 굴뚝은 꿈을 꾸게 하는 희망의 등대였다.

  '산속 등대'는 버려진 공장 굴뚝이 새로 얻은 이름이다. 장승

들이 보호하듯 주변 산이 병풍처럼 둘러진 들판 한켠에 우뚝 솟아 있어 그 동네에서 가장 높은 건물이다. 굴뚝은 공장 부지 제일 뒤쪽 깊숙한 곳에 자리 잡고 있다. 내 기억 속 굴뚝의 위치와 비슷하다. 사용하지 않던 공장을 재활용해 새로운 문화공간으로 탈바꿈하는 과정에서 폐수 처리장의 벽 한쪽을 허물어 야외공연장으로 만들었다. 그 앞에서 콘크리트 덩어리들은 의자가 되었다. 노동의 상징이던 잿빛 굴뚝은 쇼를 위해 광대 옷으로 갈아입었고 콜로세움을 형상화한 무대 위에는 낡은 피아노 한 대가 치열한 연주를 끝낸 후 쉬고 있다. 기계의 거친 쇳소리가 멈춘 자리에서 아이들이 와르르 뛰어다닌다.

백여 대의 통근버스가 움직이던 대기업이 역사 속으로 사라지고 거대한 아파트 단지가 들어서 있다. 정문 앞 기숙사 터는 허물어지고 대형마트가 세워졌다. 연기가 오르던 굴뚝이 빛을 쏘는 산속 등대로 새롭게 변신을 했다. 주경야독하며 꿈을 키우던 여공들은 뿔뿔이 흩어졌지만 미술관 직원들은 표를 팔고 커피를 내리고 안내를 한다. 그들의 삶이 여전히 등대에 기대어 있다.

변하는 것들과 변하지 않은 것들에 대한 질문을 던진 채 산속 등대가 불빛을 쏘아 올린다.

사주를 세우다

일요일 아침 아홉 시. 가방을 등에 멘 남자가 들어섰다. 예약한 시간을 정확히 맞추어 왔다. 서울에서 온 그는 처음 방문한 공간이 낯선 듯 긴장한 표정이다. 커피를 권해 본다. 블랙커피를 달라고 한다. 종이컵에 커피 몇 스푼과 뜨거운 물을 붓고, 내 것은 믹스 커피로 준비한다. 책상을 사이에 두고 앉았다.

사주를 세운다. 아들이 태어난 해, 월, 일, 시를 불러준다. 출생년도를 만세력에서 찾는다. 뱀띠다. 올해 고3 학생이다. 네 개 중 한 개의 기둥이 세워졌다. 생월은 음력 9월 가을이다. 두 번째 기둥을 세웠다. 생일은 작은 흙의 날이고 저녁 시간에 태어났다. 종이 위에 네 개의 기둥이 모두 세워졌다. 사주 속 운명 지도가 그려졌다.

사주를 본다. 네 개의 기둥 중 세 번째 기둥의 하늘 기운부터 살핀다. 아들은 남자로 태어났으나 사주 기질은 여성성이 강하다. 선천 성품은 믿음직스럽다. 두 번째 기둥인 땅의 기운을 본다. 가을의 메마른 밭이다. 네 번째 기둥 여덟 글자를 동시에 읽는다. 가을 과수원에 해는 져서 어둠이 깔렸고, 과실 나무에 열매가 풍성하다. 그러나 가을 가뭄이 든 밭이다. 사주는 한 폭의 풍경화를 완성한다.

사주를 듣는다. 아드님 사주는 총명하고 예술성이 많으며 창작활동이나 언어를 이용한 직업이 어울립니다. 조직 생활은 어렵겠습니다. 세상살이에서 자신만의 규칙을 만들어 가고자 합니다. 프리랜서 직업을 가질 수 있는 학과로 정하면 좋겠습니다. 올해 대학 합격운은 자신이 원하는 대학보다 한 단계 아래에서 이루어지겠습니다.

사주를 묻다. 아들이 PD 직업을 원하는데 사주와 잘 맞겠네요. K대를 지원하고 싶어 하지만 경쟁률이 높아서 걱정입니다. 대학 레벨을 내리라 하셨는데 수도권 대학은 어떻겠습니까? 해외 대학은 어떻습니까? 자식이 아들 한 명뿐이라 모든 기대를 아들에게 걸고 있습니다. 아내는 아들 교육에만 매달립니다. 지금 중국에서 유학 중입니다. 중국에서만 학교생활을 해서 전혀 인맥이 없습니다. 앞으로 살아가려면 인맥이 필요하여 대학 교육은 국내에서 받게 하고 싶습니다.

  사주가 답한다. J대 정도는 무난하리라 생각합니다. 인근 대학도 도전해 볼 가치는 있습니다. 차라리 해외 대학을 적극 권합니다. 아드님은 사람들이 모이는 곳에서 자신의 기술과 자격증으로 충분히 능력 발휘를 할 수 있겠습니다. 다만 보이는 성공과 재물 성취는 강하지만 건강과 배우자 운은 부족할 것입니다. 밖으로 성장만 따라가지 말고, 안을 돌보는 명상을 하고, 잠을 충분히 자도록 하면 좋겠습니다.

  사주에 공감하다. 지금 아들은 반대의 생활을 이어오고 있습니다. 낮보다 밤 시간에 공부하는 걸 좋아합니다. 낮 시간에 기운이 없다 합니다. 돈을 많이 벌고 싶고, 유명한 사람도 되고 싶다고 합니다. 자신을 내세우는 일을 원합니다. 남에게 굽히기 싫어해서 조직 생활은 어울리지 않을 것 같습니다. 살면서 건강과 배우자가 제일 중요한데, 그 두 가지가 부족하다니 또 걱정이 됩니다.

  사주를 찾다. 인생에 만사형통은 없습니다. 아드님이 돈도 많이 벌고, 유명해지고, 건강도 지키고, 단란한 가정을 꾸리기에 네 개의 기둥이 한쪽으로 기울어져 있습니다. 사주명리학에서 기본이 되는 이론이 음양과 오행입니다. 남자로 태어났으나 음의 성향을 더 갖고 있습니다. 다섯 가지 기운의 배합은 고루 갖추지 못했습니다. 네 개의 기둥 모습이 뜨거운 가을 과수원 흙입니다. 가을 가뭄이 든 밭입니다. 아드님의 사주는 돈과 성공만 좇지 말고 건강과 주위를 챙기면서 살아야 한다고 말하고 있습니다. 삶의 균형을 잡아야 합니다.

사주를 풀다. 부모 마음은 다 같은 마음이겠지요. 자식이 언제나 꽃길만 걸어가길 바라는 마음은 같지요. 자식은 돈, 성공, 건강, 가정이 모두 잘되길 바라게 됩니다. 사주를 본다는 것은 운명지도를 해석해 보는 행위입니다. 해석은 정보일 뿐입니다. 해석한 정보를 삶에 적용시켜야 합니다. 이미 태어난 운명지도를 바꿀 수는 없습니다. 운이라는 날씨가 들어서며 과수원의 풍경이 바뀔 뿐입니다. 그러나 타고난 명과 흐르는 운에만 삶을 맡겨둘 수는 없습니다. 네 개의 기둥 주인은 자신이 되어야 합니다. 네 개의 기둥을 명과 운에 맡기면 사주四柱가 되지만, 자신이 운전대를 잡으면 사주思主가 됩니다. 운명의 주인이 되려면 네 개의 기둥 안에 부족한 부분을 알아야 합니다. 그것이 시작입니다. 대부분의 사주는 기울어져 있습니다. 기울어진 사주를 스스로 세워야 합니다. 자신의 사주를 세우는 것은 운명의 주인이 되는 것입니다. 이것이 사주를 푸는 의미입니다.

상담을 마친 남자는 서울로 출발한다고 나간다. 일요일 아침을 아버지의 마음으로 시작했다. 대한민국 고3 부모는 자식의 대학 문제라면 서울에서 부산까지 멀다 않고 움직인다. 자식에게 도움 줄 수 있다면 어떤 방법이든 찾아 나선다. 남자가 나간 문을 오래도록 쳐다본다. 그 아드님의 기울어진 사주를 온 마음으로 세워본다.

제4부
시간을 접다

춘향을 만나다
꽃의 힘
시간을 접다
덮는 꽃
그를 모른다
공달이와 순금이
한시랑뜰
뜬다리
페이머니
독도 하모니

춘향을 만나다

순백의 여인들이 사뿐 들어선다. 타조 깃털 같은 종이 빗자루를 들고 절 마당을 비질하듯 광한루 허공을 쓸어내린다. 제례에 앞서 무대를 돌며 잡신을 물리치는 춤을 춘다. 그들의 손끝이 움직일 때마다 지켜보는 마음까지 닦여 나가는지 개운해진다.

　제향이 시작되었다. 제관들은 제사음식을 진설하고 향을 사른다. 춘향이 향 연기를 타고 내려오시라 청하는 의식이다. 당피리, 해금, 축, 박의 합주가 유장한 가락으로 춘향을 맞이하더니 다시 장단을 자진조로 감아 잔칫집 분위기를 만든다. 춘향에게 절을 하는데 여성들만 지내는 제례가 무척이나 생경스럽다. 그러고 보니 낙화암으로 몸을 던진 여인들의 충절을 추모하는 부여의 궁녀제 또한 여성이 제관이라는 사실을 떠올린다. 축관의 축 읽는 소리가 사방에 울려 퍼지니 춘향이 흥감하여 말문을 연다.

"내 오늘 이렇듯 술잔을 받고 보니 옛 생각이 절로 나 비감하여이다. 삼백여 년 전 사람을 아직도 남원고을에서 기억해주어 황감하옵니다. 춤을 보고 음악을 들으니 흥취에 젖는구려. 내친김에 넋두리 좀 할까 하니 허물치 마옵소서.

되돌아보면 도련님께서 번지르르하게 사랑가를 부를 때 일찍이 알아봤어야 했지요. 요샛말로 연애 작업 선수는 아니었는지 의심도 해 봤어야 했다니까요. 달 아래 삼생의 언약 맺고 천만 년이라도 변치 아니하며 백 살 동안 살다가 한날한시에 마주 누워 선후 없이 죽자며 금석같이 맹세하였지요. 정실부인도 아니고 첩실로 들일 요량이면서 조강지처처럼 여긴다나 뭐라나 찰떡같이 약속하더이다. 어린 도련님이 세상의 사랑가를 어찌 알고 그리도 줄줄 부르던지요. 도련님의 노랫소리가 얼마나 달콤했으면 지금도 항간에는 '사랑가'로 부르고 있더이다.

현대 드라마를 보면 남녀가 손을 마주 잡고 입맞춤까지 밀고 당기는 모양이 마치 사랑이란 시작되는 순간의 황홀함에만 있는 양 모든 에너지를 집중시키더이다. 우리 둘은 단오날 처음

보고 정식 혼례는 아니지만 그날로 백년가약을 맺었지요. 이팔 청춘이 사랑을 나누는 대목에서 어떤 이는 되바라진 어린 것들이라 했을지도 모르겠소만 사랑이 시작되면 끌리는 감정이 인지상정 아닌가요. 사랑하는 두 몸이 만난다는 것은 타인의 존재를 받아들이는 증거라고 어느 철학자도 말합디다. 우리 이야기가 담긴 《춘향전》을 발칙한 성인물로 취급하지 말아주오.

그러던 도련님이 갑자기 한양으로 올라가지 않았겠소. 도련님은 장가 들기 전이고 부모님께서는 우리의 연애를 알지 못하였다오. 혹여 소문이라도 날까 봐 몰래몰래 드나들었으니 한양에 돌아가 새 여자를 만난들 도련님에게 무슨 흉이 되겠소만 가신 뒤로는 안부 소식조차 듣지 못하였지요. 시쳇말로 차인 것 아니겠소. 기생 딸이라는 천한 신분의 여자에게 무슨 미련이 그리 많을까 짐작은 되오만 배신감이 드는 건 어쩔 수 없습디다. 일일드라마 여주인공처럼 성공하여 나타나 '부숴버릴 거야!'라며 복수의 화신이라도 되었어야 할 상황 아닙니까. 처음 만났을 때 천하의 호걸이요 세상의 기이한 남자가 아니었겠소. 솔직히 저도 양반 도령이 아니었다면 마음을 던졌을까 자문을 하게 됩디다.

사랑은 시련으로 시험하나 보오. 신관 사또는 한양 가신 서방님을 기다리는 저에게 수청을 강요하였지요. 거절하였더니 곧

장을 내리친 행태가 요즘으로 치면 스토커나 하는 짓이고 권력을 남용한 미투 폭력 아닌가요. '너 아니면 안 돼!'라는 변사또는 사랑을 전혀 모르는 이라 사료되어 한편으론 딱하기도 합니다. 시각장애인 점술가가 옥사에 묶여 있는 제 몸을 더듬은 것 또한 엄연히 추행 아닌가요. 오늘날 남녀 사이에도 데이트 폭력이 자주 일어난다고 들었소. 제발 그러지들 마시오. 상대가 싫다는 데도 집착한다면 그것이 정신병이 아니고 무엇이란 말이오.

　서방님과 이별하고 옥살이하던 제가 애처로워 보이는지 위로의 제례를 시작하네요."

　'갈까부다' 판소리 춘향가 한 대목을 부르는 명창의 소리는 듣는 이의 애간장을 녹인다. 춘향이 이도령을 한양으로 보내고 독수공방하며 서방님을 그리워하는 마음이 애끓는다. 어쩔거나 어쩔거나 님 없는 세상. 천리라도 따려가고 만리라도 님을 따려서 갈까부다며 아무도 모르게 속울음을 삼킨다. 정인을 만날 수 없는 춘향의 마음이 절절히 전해진다.

　살풀이춤이 이어진다. 곱게 쪽 찐 머리에 하얀 저고리와 치마를 입은 무희들이 걸음걸음을 내디딘다. 여인의 한은 한껏 절제된 춤사위로 오히려 처절하게 몸부림치는 듯하다. 손발 끝에 맺혔던 한이 무희의 흰 소맷자락 따라 커다란 원을 그리며 서서히 풀려나간다. 지켜보던 춘향이 마음이 흡족하여 마지막 이야기를 들려준다.

"서방님이 옥사를 찾아왔을 때 상거지로 나타났더이다. 미워도 하고 원망도 하면서 기다렸건만 얼굴을 보는 순간, 가슴이 철렁 내려앉았으나 사랑이 어디 그립디까. 그래도 도련님은 오직 내게 사랑입디다. 그립고 보고 싶던 사람일뿐이었다오. 가진 것을 다 내어주고서라도 지켜주고 싶은 마음만 바보처럼 들더이다. 콩깍지가 제대로 씌워진 게지요.

사랑의 끝이 결혼이 아니니 문제지요. 삶이 이야기대로 단순하다면 얼마나 좋을까요. 조선팔도를 떠들썩하게 올린 혼인이지만 평범하고 지루한 일상은 찾아오더이다. 언제나 똑같은 자리에 놓인 가구처럼 권태로운 사이가 되어갑디다. 사랑의 완성은 잃어버린 반쪽 찾기가 아닙디다. 백년동락을 위해서는 서방님은 이몽룡으로, 저는 성춘향으로 서로를 존중해 주는 노력이 부단히 필요하더이다.

현대인들 중 사랑을 시작조차 하지 않는 이들도 많다 하더이다. 쇼핑몰에서 물건 고르듯 조건 맞춤형으로 결혼 상대를 중매 서주는 곳도 있고 심지어 연애 매뉴얼을 가르치는 학원까지 생겼다는 뉴스에 적잖이 놀랐답니다. 과일가게에서 사과 골라 담듯한 사람을 과연 진지하게 사랑할 수 있을까 궁금해집디다. 직장, 외모, 연봉, 집안, 성격까지 따져 만나려는 사람들에게 충고 한마디 하렵니다. 내가 도련님을 사랑하는 순간은 선택이 아니라 우연한 사건 같은 것이었다오.

  사랑에는 차가운 머리로 미리 써놓은 대본 같은 건 없습디다. 언제 어떠한 상황에 놓일지 모르는 오로지 뜨거운 가슴으로 겪어내야 하는 새로운 세계였지요. 누군가를 만난다는 것이 불안하기도 하겠지만 기쁨도 참으로 많다오. 사랑하는 일이야말로 가장 원초적인 사람의 삶이지 않을까 생각된다오. 살아있어야 할 수 있는 귀한 경험이기에 마음껏 사랑을 시도해보라 권하고 싶네요. 이제 떠날 시간이 되었나 봅니다. 만수무강하옵소서."

  제관들이 음복을 한다. 한쪽에서는 축을 불사른다. 춘향의 목소리 온데간데없다.

꽃의 힘

꽃부대였다. 열일곱 소녀는 대치 중인 방위군의 총 앞에서 국화 한 송이를 들었고, 십팔 세 소년은 병사 소총의 총구에 카네이션을 끼워 넣었다. 베트남 전쟁 개입에 항의하려고 국방부 건물을 향해 행진하는 시위를 텔레비전 화면에서 보았다. 어린 병사들은 시위대와 눈을 맞추지 못한 채 혹여 충돌이라도 생길까 봐 몸을 떨었다. 이후 평화 시위의 선례가 되었다.

꽃은 마음을 사로잡는다. 한 잎 한 잎 정성껏 둘러 붙인 듯한 해바라기의 동그란 꽃 모양이나 뽑아 올린 꽃대 위로 우아하게 고개를 치켜든 백합의 우윳빛에 눈길이 간다. 울타리 너머로 은은하게 풍겨오는 매화 향기나 숲에서 훅 덤벼드는 아까시꽃 내음에 발걸음이 끌릴 때도 있다. 꽃터널을 이루며 늘어선 벚꽃나무 풍경에는 저절로 감탄사를 내뱉는다. 가장 깊고 오랜 내 기억 속에 언제나 꽃이 있었다.

열꽃이 얼굴에 한창 피어오르던 때였다. 이마와 눈두덩이 그리고 광대뼈 근처에서 턱 부근까지 가을 산등성이처럼 불그레한 물이 들면서 툭툭 불거져 나왔다. 화살나무처럼 고운 붉은색이면 얼마나 좋으랴. 화산 폭발하듯 검붉은 핏물이 흘러내렸고 분화구마냥 오목하니 피부가 파였다. 자신감을 잃어갔고 사람들을 피해 숨어 지냈다. 금방이라도 땅속으로 꺼질 듯 가라앉은 마음은 눈물만 콸콸 쏟아내는 병이 자리 잡았고 몸은 음식을 거부하는 이상 반응을 일으켰다. 겨우 물로만 연명했다. 살갗이 뼈만 감싸는 지경에 이르러서는 창밖을 내려다보면서 겨드랑이로 날개라도 돋으면 훨훨 날 수 있으리라는 착각마저 들었다. 사람들이 북적이는 도시인데도 무인도 바닷가 돌 틈에 혼자 흔들리는 해국처럼 외로웠다.

세상과 연결 고리를 찾아야 했다. 책을 읽다가 밝은 색깔의 꽃이 어두운 마음을 밝혀준다는 사실을 알았다. 그러나 병든 마음은 바깥으로 나가는 발길을 머뭇거리게 했다. 누군가의 정성 어린 관심을 받으면 기운이 날 것 같아서 수첩에 적어 둔 연락처를 뒤적였다. 마음의 병은 어설픈 치기를 부려 모임에서나 가끔 마주치고 별다른 친분 관계가 없던 사람에게 '꽃이 갖고 싶다.'며 다짜고짜 문자를 보냈다. 솔직히 '설마 오겠어?'라는 믿지 못하는 마음이 컸다. 기대를 갖지 않았기에 실망도 없었다.

띵동. 현관문을 열었을 때, 금방이라도 시뻘건 꽃물이 터질 것 같은 장미 사이를 여린 소국이 다소곳이 메우고 손바닥 크기의 팔손이 잎사귀가 떠받친 꽃바구니를 들고 꽃보다 더 환하게 웃는 꽃집 주인이 서 있었다. 꽃밭이 통째로 안겨 오는 착시에 어지럼증이 일었다. 보낸 이는 내가 살고 있는 아파트 주변 꽃집을 수소문하였노라 했다. 아무런 설명 없이 보내온 문자를 읽고 평소 보아 온 강직한 성격이 떠올라 그럴만한 이유가 있겠거니 여겼다 한다. 꽃을 타고 마음이 전해왔다. 그동안 몰랐던 그의 성품이 고마우면서도 괜한 짓을 했나 싶어 미안함이 앞섰다. 꽃바구니를 안아 들자 인기척은 끊기고 흙 부스러기만 날리던 빈집 같은 공허함이 한순간에 날아가는 것 같았다. 냉골이었던 마음에 따스한 훈기가 돌았고 밥상을 당겨 밥숟가락을 들게 했다. 그깟 종기 좀 얼굴에 덮었다고 세상을 등지며 살아갈 이유가 없다는 배짱까지 생겼다. 꽃 손은 주름진 마음을 다림질하였다.

꽃은 이야기를 담는다. 수필반 교실에서 한 해를 정리하는 시상식이 있었다. 선배들도 낯설고 행사장 지리도 몰라 어리바리 어디에 앉아야 할지조차 주춤거렸다. 한 학기나마 눈에 익힌 이들이 모여 있는 곳으로 찾아드니 지도해주던 선생님이 중심에 앉아있었다. 강의실에서 뵙던 단아한 모습과 무릎 위에 얹힌 화사한 꽃다발을 보았을 땐, 쭈뼛거리던 온몸은 풍랑이 지난 후 잔잔해진 물결처럼 평온해지고 눈길을 어디에 둬야 할지 모르던 주위에 한 줌의 볕살이 드는 듯했다. 말없이 책장을 넘겨 읽는 그녀의 자태는 비단향꽃무처럼 수줍어 보이면서도 쉽게 열리지 않는 문처럼 강단 있어 보였다. 그때서야 나도 고개를 꼿꼿이 세워 좌우도 둘러보고 정면도 제대로 쳐다 보았다.

정신을 차린 후는 시상식이 어느 정도 진행되어 있었다. 몇몇 사람들이 호명되어 단상으로 올라섰다. 수상자들이 상장을 받고 객석으로 몸을 돌리자 갑자기 선생님께서 꽃다발을 들고 앞으로 달려가 나이 지긋한 분에게 전해주었다. 순간, 넘치게 부러운 마음이 일었다. 저분은 누구시기에 우리 선생님께 직접 꽃다발을 받을까. 그 광경은 사진 한 컷처럼 머릿속에 선명하게 찍혔고 언젠가 나도 글로써 상을 받아야겠다는 각오가 생겼다. 그런 날이 오면 선생님이 손수 안겨주는 꽃다발을 안을 수 있으리라는 기대도 가졌다. 정말 열심히 글을 써보리라 다짐하는 자리였다.

그러나 글을 쓸수록 상에 대한 생각은 저절로 사그라들었다. 글숲은 감히 근접할 수 없도록 거대했고 자신만의 빛깔을 찾아낸 이들의 글꽃은 스스로 빛이 나서 읽는 것만으로도 가슴이 벅찼다. 언감생심 꽃다발을 받겠다는 목표는 어느새 잊어버리고 당선자 명단 끄트머리에 이름이라도 올릴 수 있는 제자이고 싶다는 절실함으로 바뀌었다. 그마저도 얼마나 어려운 일인지 뼈저리게 일깨우는 시간이 흘렀다. 간절함이 통해서일까. 드디어 수상자에 선정되었다는 연락을 받고 제일 먼저 전화를 드리니 선생님은 탄성을 지르며 울먹이셨다. 전염병으로 시상식은 취소되었지만 소원하던 선생님 축하 꽃을 받았을 때는 그동안 애태우던 시간들이 봄꽃 날리듯 풀어헤쳐졌다.

꽃의 힘은 위대하다. 시위대를 막아선 총부리를 무력화시키고 세상살이에 등진 마음의 병을 밀어낸다. 때로는 새내기 글쟁이가 꽃다발 때문에 밤낮으로 발품을 팔며 글을 쓰게도 한다. 축하할 일이나 애도하고 사과할 때에도 꽃이 움직인다. 나라와 나라가 만나는 자리에선 꽃을 장식하여 메시지를 전한다. 나는 종종 모임에 가는 날에는 꽃송이를 낱개로 포장해 가곤 한다. 꽃이 들어오면 그 사람이 오는 것 같아 진실한 마음을 담아주려 애쓴다. 생기 머금은 꽃을 품에 안으면 사람에게서 전해지던 따스함이 느껴진다. 꽃길은 마음이 오가는 길이다.

시간을 접다

드라마 동영상에 등장한 키스 종류 두 가지를 적으시오. 객관식 문제를 읽는 순간, 눈앞이 하얗다. 그때 뭘 보았지, 어떤 배우가 등장했더라…. 비대면 수업 중 교수님은 사랑을 시작하는 남녀의 다양한 연애 모습을 틀어주었다. 여러 드라마를 묶어서 보여주었고 등장하는 배우도 한둘이 아니었다. 그들은 손끝이 닿을 듯 말듯 애태우다가 엘리베이터 안에서 다른 이들 모르게 손을 잡더니 화들짝 놀라 떨어지기도 하고, 남자 배우가 여자 주인공을 뒤에서 살포시 껴안을 때는 보는 이까지 설레게 하였다. 그저 이해를 돕기 위한 자료이겠거니 싶어 당연히 자막은 눈여겨보지 않았다. 두 배우가 서로의 감정을 확인하는 봄밤 장면을 '벚꽃 키스'라 했었던 말만 어렴풋이 떠오르고 나머지 한

개는 어디선가 보았던 '거품 키스'가 생각나 답안지 빈칸을 채웠다.

일과 병행하는 학업은 결코 만만하지 않다. 토요일마다 여섯 과목의 새로운 동영상 강의가 올라오면 부지런히 들어야 소화할 수 있는 양이다. 시간을 쪼개 들으려면 효율적인 방법부터 찾게 된다. 출석이 학점에 반영되는 중요한 항목이니 강의를 모두 듣는 것이 첫 번째 할 일이다.

과목 메인 창을 열고 수업 시작을 누르면 강의가 뜬다. 기본 속도로 들으면 교수님의 목소리는 머릿속에 낱말 하나하나 새겨 넣어도 좋을 정도로 또렷하지만 말투는 활기가 없다. 마치 오래 들어 낡은 카세트테이프처럼 늘어지고 바람 빠진 광고 풍선 쓰러지듯이 맥없다가 어느 샌가 자장가로 변한다. 지루한 것을 못 참는다. 재빨리 1.2배속을 누른다. 약간의 속도 차이인데도 새 건전지를 끼운 장난감 병정이 되살아나듯 강의에 생기가 돈다. 교수님이 설명하며 끄적거리는 글자를 따라 쓰기도 편리하고 교재에서 내용을 찾아 밑줄 긋기에도 적당한 속도다.

그러나 손가락은 거기서 멈추지 않는다. 마우스는 어느새 1.6배속 위에 가 있다. 갑자기 화면이 달리는 고속기차 밖 풍경으로 바뀐다. 골짜기를 방금 빠져나온 급류다. 교수님의 눈꺼풀은 전자시계 붉은 숫자처럼 쉼 없이 깜빡거리고 손에 든 지시봉은 문장들 위에서 빠르게 지휘한다. 명사는 귓가에 닿는가 싶더니 지나고 형용사는 스치듯 사라지고 동사는 내달린다. 숨찬 강의를 듣노라면 심장이 쿵쾅거린다. 짜릿하지만 담기는 내용보다 손아귀에서 순식간에 도망치는 송사리처럼 빠져나가는 지식이 수두룩해진다. 한발 더 나아가 빨리 끝낼 욕심에 2배속으로 들으면 결석 처리된다. 헛수고다. 처음부터 다시 들어야 한다.

시간 조종이 가능한 세상이다. 컴퓨터 화면은 마우스가 지배하고 텔레비전은 리모컨이 명령을 내리고 손가락 지시에 핸드폰 동영상이 재생속도를 달리한다. 두꺼운 책은 애써 눈길을 피한다. 한 시간 프로그램은 삼사 분짜리로 조각내어 훑어보고 여러 주 동안 기다려 가며 보던 드라마는 서너 시간 만에 독파한다. 앞뒤 분간 없이 오로지 질주하는 자동차마냥 내달린 후 영상 한 편을 다 보았다며 뿌듯해한다. 되감기도 있고 느리게도 있지만 좀처럼 사용하지 않는다.

변함없이 반복되는 일상은 삶의 기본값이다. 일어나서 일하고 밥 먹고 잠을 잔다. 오늘은 어제와 별반 차이 없이 지나고 내일도 오늘과 비슷하게 흘러갈 것이다. 보통의 하루는 소금기 적게 넣어 먹는 건강식처럼 밍밍한 맛이다. 날마다 마주하는 주변 풍경도 너무나 익숙하기에 있는 듯 없는 듯 지나친다. 더디게 걸어가는 시계 초침을 힐끗거리며 쳐다보고 하릴없이 인터넷 뉴스나 뒤적이다가 때로는 의자에 기대어 꾸벅일 때도 있다. 밋밋한 시간을 건너가려고 한약처럼 쓴 검은 커피를 마셔대는 지도 모른다. 따분하게 흐르는 보통의 시간에 조금 속도를 높여 긴장을 주면 금세 생기를 느낀다. 퇴근 후 운동을 하거나 미뤄 두었던 영화 속으로 빠져들고 생맥주 한 잔의 짜릿함을 누린다. 주말이면 산으로 바다로 달려가 일탈을 즐긴다. 그러면서도 마음은 늘 두 배속으로 바쁘다며 외친다.

주 업무인 사주 상담은 모든 계획에 앞서 일 순위에 놓인다. 원활한 손님 응대를 위해서는 끊임없이 책을 펼쳐 공부하지 않으면 안 된다. 늦은 나이에 학업을 병행하는 이유다. 또한 보고 듣고 경험한 것을 남기기 위해 글쓰기를 배운다. 쓰려면 넣는 것이 있어야 하고 끊임없이 생각에 생각을 더해야 한다. 거기에 주어진 역할도 충실히 해내려면 삶은 언제나 저잣거리처럼 분주하다.

수업을 듣다가 설명이 반복되면 잔소리로 들리고 중언부언 길어지는가 싶으면 여차 없이 손은 마우스를 찾는다. 강의는 대충 들었다가 시험을 앞두고 교재나 제대로 읽어보리라 여기며 집중하지 않는다. 동영상은 돌아가지만 눈길은 자꾸 밖으로 향하고 어서 끝나기만 기다린다. 마음이 시간을 접는다. 그렇게 아낀 시간을 꼭 필요한 곳에 사용하지도 않는다. 해야 할 일은 미뤄둔 채 전화기나 붙들고 잡담을 하거나 텔레비전 예능프로를 보며 어영부영 보내는 경우가 허다하다.

　습관적으로 강의를 건너뛰고 빨리 감아보기 하면서 놓치는 것들이 많다. 교수님은 분명히 어디선가 설명하였을 터인데도 막상 시험지를 마주하면 교재에 없는 문제가 튀어나오기 일쑤고 한 학기를 끝내면 과목 전체 내용이 송두리째 기억 속에서 사라진다. 학교 수업뿐만 아닐 것이다. 목적지에만 몰두하다가 오가는 길에 지나친 작고 소중한 풍경처럼 바삐 살다가 놓치는 것들은 또 얼마나 많을까. 잘살고 있는지에 대한 시험이 따로 없으니 미처 알아채지 못하는 사이 떠나버린 인연도 생겼을 것이고 제때를 놓쳐 흘러가 버린 기회도 여러 번이지 않았을까.

　시험이 끝난 후 영상을 찾아본다. 드라마는 오래전 방영한 '신사의 품격'이고 장동건과 김하늘이 주연이다. 갈등을 겪던 두 사람이 재회를 하는 장면에서 어둠이 깔린 배경으로 남자 배우가 카페 안에서 창밖을 바라보고 있을 때 여배우가 다가오며 유리창에 입술을 댄다. 그 모습은 서로의 얼굴을 맞대지 않았는데도 로맨틱한 분위기를 만든다. 순간, 화면 아래에 '유리창 키스'라는 글자가 보인다. 점수 5점이 허망하게 날아갔다.

덮는 꽃

붓을 든 동상이 가장 먼저 반긴다. 곁에는 목화나무가 너른 밭에서 자라고 있다. 얼마나 정성을 들였는지 잎사귀는 반지레하고 꽃잎은 발그스름하다. 예전에는 동네마다 목화를 많이 심었는데 이제는 만나기가 드물다. 꽃을 피운 목화나무가 문익점과 같이 있으니 당당해 보인다.

 붓두껍 속의 목화씨. 얇은 삼베와 모시만으로 매서운 겨울을 견뎌야 했던 시절이었다. 더군다나 원나라 지배로 극심하게 공출을 당하던 때라 사람들은 제대로 된 옷감조차 걸치기 어려운 삶을 이어갔다. 진정한 선비란 백성을 제대로 먹이고 살려야 한다는 신념으로 문익점은 온갖 고비를 겪으며 목화 재배에 성공했다. 목화씨 몇 톨이 고려와 조선 백성들의 삶을 바꾸고 목면이 중국과 일본 무역에서 주요 화폐 역할까지 해냈다. 더불어 따뜻한 세상을 여는 데는 그의 장인과 여종의 보탬이 컸다.

씨앗 틔우기에 실패했을 때 농사법에 탁월한 안목을 가진 문익점의 장인 정천익은 중국과는 토양과 기후가 다른 우리 땅에서도 목화가 뿌리 내리도록 연구를 했다. 정천익이 제조한 기구들이 있어 목화에서 실을 뽑을 수 있었고, 뛰어난 손재주를 가진 이름 없는 여종 덕에 무명 옷감을 짜서 면옷을 탄생시켰다. 대부분 성공한 어떤 일에 특정한 한 사람만이 기록되곤 한다. 평소에 몸을 감싸고 보호해주는 옷을 의식하지 못하고 지나치듯이 정작 뒤에서 부족한 부분을 채우고 함께 노력해 준 숨은 이들이 있다는 사실은 잊고 살았다.

목화나무를 가까이서 보고 있으니 다래 먹었던 기억이 떠오른다. 꽃 진 자리에 맺힌 짙은 초록의 열매껍질을 벗기면 누에고치 닮은 무른 덩이가 알밤처럼 모여 있다. 입에 넣어 오물거리면 은은한 단물이 혀 밑으로 고인다. 그 담백한 맛 때문에 하굣길이면 어른들 몰래 목화밭으로 들어가곤 했다. 가을빛이 짙어갈수록 연한 다래는 점점 찾기 어려워지고 비썩 마른 껍질 안에서 몽글거리는 흰 꽃이 흐드러지게 피어났다. 군것질거리가 없어져 서운했으나 보들보들한 느낌이 좋아 솜뭉치를 조몰락거리며 다녔다.

손발이 시린 며느리를 위해 시어머니는 목화솜을 사 오셨다. 서너 종류의 두루마리 천들도 시장에서 떠와 재봉틀로 박았다. 얇게 다져진 목화솜을 백설기처럼 방바닥에 펼쳐놓고 안감을 씌우더니 굵은 바늘에 무명실을 끼워 가로세로로 누비며 시침질을 했다. 그 위에 화사한 꽃문양이 새겨진 다홍색 겉감을 얹고 이번엔 바늘을 사각으로 돌리며 천을 고정시켰다. 살갗에 닿은 밑부분은 보드라운 면포로 감싸 올려 마무리 지었다. 나풀나풀 레이스가 달린 소색 천으로 목선이 닿는 쪽만 따로 바느질해 주면 목면 이불 한 채가 뚝딱 만들어졌다.

　다른 이들보다 튀고 싶어 경쟁하듯 올라가는 도시의 건물처럼 높이 멀리를 외쳤다. 조금이라도 잘 되면 내 능력만으로 이룬 것인 양어깨를 잔뜩 드높였다. 앞가림하기에 바빠서 옆까지 둘러보지 않았다. 몸에 닿지 않아 자꾸 요 밖으로 빠져나가던 뻣뻣한 새 이불처럼 세상과 겉도는 삶이었다.

　목화솜 이불은 무거웠다. 요즘 유행하는 극세사 이불과는 무게감이 달랐다. 덮으면 묵직하게 가슴을 눌러주어 깊은 잠을 잘 수 있었다. 부부가 다툰 날은 어머니를 찾아가 속상한 마음을 털어놓곤 했다. 그럴 때마다 당신은 아들 흉보는 며느리가 밉기도 했으련만 나무라기는커녕 못난 자식 낳아 미안하다며 등을 쓰다듬어 주셨다. 며느리의 허물조차도 감싸주는 이불 같은 사랑을 펼쳐내었다. 남편과 가는 길이 달라졌을 때도 그 이불을 가지고 왔다. 어머니의 솜이불은 몇 년 동안 추위에 떨지 않고 단잠을 자게 했다.

막내 대학 졸업식에 참석했을 때이다. 한껏 차려입은 졸업생들은 강당 중앙에 앉았고 꽃다발 든 이들은 대열을 이뤄 울타리처럼 빙 둘러 에워쌌다. 헐거워진 홑청이 뽀송한 솜으로 채워져 부풀어 오르듯 식장은 활기가 넘쳤다. 밑에서 받쳐주고 위에서 덮어주던 이부자리 같은 이들이 모였다. 부모들은 한시름 놓인다며 세상 속으로 나아갈 젊은이들을 지켜보았다. 졸업식장에서 삶의 뿌리 한 가닥을 보았다. 가까운 이들의 배려와 기도가 있었기에 철모르던 아이도 자라 무사히 자신의 길을 나서는 어른이 된 것이다. 나 또한 세상 귀퉁이라도 덮을 수 있는 삶을 살고자 했으나 여태껏 변변한 홑이불 하나도 제대로 짓지 못하였다.

마을 길을 걸어본다. 길지 않은 골목은 자로 그은 듯 반듯하게 뻗었고 길모퉁이를 돌면 탁 트인 하늘이 다가섰다가 산자락 앞에서 끝난다. 달성군 남평문씨 인흥세거지 마을답게 문씨 할아버지 이름을 붙인 회화나무도 있다. 사랑채 수백당과 한 집안이 보유한 장서로는 최고로 많다는 인수문고를 지나 선비들이 공부하던 광거당까지 가본다. 건물과 건물 사이가 뜨거운 음식

그릇을 들고 나르더라도 식지 않을 거리다. 해 질 무렵 옆집 큰아버지 댁에서 저녁을 먹고 골목길을 거닐다가 삼촌네에서 사촌들과 밤늦도록 이야기 나누다 돌아와도 좋을 아담한 마을이다. 수봉정사 정원도 둘러본다. 대한민국임시정부가 수립되자 가족들조차 모르게 전국 각지에서 군자금을 모아 보내준 수봉 문영박 선생을 기리기 위해 지었다. 앞장서서 일본에 맞서 싸운 독립투사들도 훌륭하고, 그에 못지않게 여러 방법으로 뒷받침을 해 주던 이들의 희생도 존경한다. 세상의 바퀴는 앞서주는 이와 뒤에서 밀어주는 조력자들이 맞물려 돌리기에 굴러갈 수 있다.

  광거당 뒤 언덕에 올라 고택 지붕을 내려다본다. 작고 큰 용마루들이 새로 지은 집의 날 선 직선이 아니라 세월에 풍화되어 깊고 부드럽다. 곡선의 처마 끝에 흙담을 살포시 껴안은 능소화 꽃가지는 주홍색으로 황토색 담을 물들이며 아래로 흘러내린다. 마을을 빠져나오다가 돌담 끝 작은 밭에서 분주하게 모종을 심는 노부부를 만났다. 가까이 가 보니 텃밭이 아니라 꽃밭이었다. 목에 두른 수건으로 연신 땀을 훔치면서도 꽃이 들어갈 이랑을 쉬지 않고 파헤친다. 찾아오는 손님들이 볼 수 있도록 가꾸는 중이라 했다. 누구라도 편안히 머무르다 가기를 바란단다. 아늑한 햇솜 이불 같은 장소로 만드는 사람들 덕분에 안으로 들어서는 이들은 시름을 잠시 내려놓고 쉴 수 있을 것이다.

  목화솜이 세상 빈구석을 메워주듯이 시어머니의 두꺼운 온기가 무쪽같은 며느리를 앞으로 나아가게 했다. 일가가 서로 기대어 살아가는 마을에서 날카로운 삶에 베인 자리를 덮어주는 목화꽃을 발견했다. 따스한 세상 하나 가슴에 품고 인흥마을을 나선다. 다시 생의 심지를 돋운다.

그를 모른다

밤하늘을 본다. 바람이 서늘해지면 별이 유독 도드라져 보인다. 나이를 알 수 없고 거리를 계산할 수 없는 별들이다. 과학이 아무리 발전했다 해도 인간은 아는 것보다 모르는 것이 더 많다. 앎 너머 무지의 영역은 또 얼마나 거대한지 도무지 가늠조차 되지 않는다.

졸업 후 흩어진 친구 중에 몇몇은 서로 연락을 주고받기도 하지만 영영 소식이 끊겨 사는 곳이며 연락처조차 모르는 이가 대부분이다. 그러나 그는 다르다. 안부가 끊어질 듯 이어졌고, 이제는 아예 단체 대화방 속에 함께 묶였다. 무엇을 내어주어도 아깝지 않은 친구, 언제 만나도 기분 좋은 사람이다. 그의 친구가 되새기는 추억이 새롭다. 섬에서 의경으로 복무 중에 갓 입

학한 사관생도였던 그와 수백 통의 편지로 훈련의 고단함을 이겨냈노라 했다. 글로나마 다독이고 용기를 북돋아 주었을 그들의 우정이 부러우면서도 얼마나 힘든 시기였을까 싶은 마음에 명치끝이 아릿하다. 삶을 흔드는 파도에 휩쓸려 침몰하지 않도록 단단한 동아줄이 되어주었을 남자들만의 세계를 여자인 나는 감히 헤아려지지 않는다.

탐크루즈 주연의 영화 〈탑건〉을 봤다. 거친 남성미를 품어내는 배우의 전투기 추격에 한시도 눈을 뗄 수 없었다. 생사를 가르는 전쟁터에서 영공을 지키고 전우를 보호하려는 파일럿의 숨 막히는 장면을 보며 그가 했던 말이 떠오른다. 어둠이 점령한 하늘 위에서 지상에 모여 반짝이는 불빛들을 내려다보면 자신이 반드시 지켜내야 할 세상이라 더욱 아름다웠노라고. 영화를 이십 대에 접할 때는 화면 가득 넘치는 에너지가 가슴을 우둔거리게 하더니 머리밑이 희끗해져 다시 대하니 그 뜨거운 열기가 오히려 버겁다. 같은 영화도 나이에 따라 보이는 장면과 들리는 대사가 다르다는 것을 새삼 깨닫는다. 그도 흐르는 세월을 느끼고 있을까.

소년이 기억 속을 걸어 나온다. 봄은 먼빛으로 멀어지고 머리 위까지 더위가 올라올 즈음이었다. 중학교 과학실에서 소녀는 맑은 눈동자에 눈부처를 담아내던 소년을 처음 만났다. 그들은 남녀 대표로 도내 경진대회 출전을 위해 선출된 학생들이었다. 생물 선생님은 학교 주변에 지천으로 자라던 풀들을 종류별로 뽑아 씻은 후 말리라는 지시를 내렸다. 둘은 틈틈이 신문지 교체 작업을 해주었다. 식물 표본을 만드는 과정에서는 의견조율을 하느라 다투기도 했으나 하나의 과제를 같이 준비한다는 동지의식 때문일까, 작품을 제출할 무렵에는 자연스레 가까워졌고 서로에게 스며들었다. 소녀는 소년의 뒷모습이라도 스치려 그가 타고 다니는 버스 정류장에서 서성였고, 소년은 친구들을 앞세워 혹여 하는 마음으로 소녀가 사는 마을을 배회했다.

그 시절 소녀는 나라 지키는 군인이 무척이나 멋있어 보였다. 학생들이 빠져나간 학교 동산에 앉아 꿈에 대한 이야기를 주고받다가 문득, 소녀는 커서 군인과 결혼하고 싶다는 말을 던졌다. 그러자 소년은 자신이 군인이 될 터이니 시집오면 되겠다며 농을 쳤다. 소녀는 소년과의 앞날을 꿈꾸며 시를 읽었고 하얀 종이에 붉은 마음을 쏟아내곤 하였다. 어설픈 자작시를 적고 고운 꽃잎을 끼우며 상상의 나래를 펼치는 동안 두 권의 공책이 빼곡히 채워졌다. 그 시집은 고향 떠날 때 소년에게 보내졌다.

설레고 그립던 감정도 시간 앞에선 속수무책이다. 잊혀진 사람이 세상에서 가장 슬플 것 같다던 소년에 대한 기억은 구름이 날려 흩어지듯 소녀의 삶 속에서 희미해져 갔다. 소녀는 소년의 투명한 눈동자를 마음 깊숙이 숨겼다. 소년은 그녀 안에서 마르지 않는 우물이 되었다. 소녀의 생활은 작은 샛바람에도 일렁였고 현실이라는 장맛비에 녹아내렸다. 때로는 타들어 가는 가뭄에 금세 바닥을 드러내며 마른 모래바람만 서걱댔다. 그럴 때마다 소녀는 우물 속을 들여다보았다. 언젠가 소년을 만나는 날, 부끄럽지 않은 사람으로 나타나리라 다짐하며 흔들리는 삶을 지탱했다.

그에게 직접 사관생도 시절 이야기를 듣는데 나도 모르게 한숨이 새어 나왔다. 책상에 앉아 공부만 해오던 이가 갑자기 몰아치는 제식 훈련을 받아내기엔 체력이 약해 부대꼈고 밤잠 설쳐가며 책을 펼치지 않으면 학점 이수가 어려웠노라 했다. 군인의 길을 받아들이기까지 몇 번이고 포기를 결심했으나 총검술을 익히고 명령에 따르고 훈령을 내리는 연습을 하며 지휘관으로 길러졌다. 프로펠러 비행부터 전투기 조종까지 도태되지 않으려 부단한 노력을 하였다. 평소에 훈련하지 않으면 전시나 비상시에 국민들의 생명과 재산을 지킬 수 없다며 군인으로서 희생을 자랑스러워할 때는 그의 큰 키가 더욱 커 보였다.

평범한 이들이 비행기를 탈 기회는 손가락에 꼽는다. 마음먹고 여행을 떠나거나 출장 등 업무 보러 갈 경우다. 발을 딛고 살아가는 땅도 하늘에서 보면 비스듬히 뚫린 비행기의 좁은 창문 크기 정도다. 비행 조종사가 제일 앞좌석에서 접하는 세상과는 상상도 할 수 없는 차이가 날 것이다. 《야간비행》의 저자 생텍쥐페리와 《갈매기의 꿈》을 지은 리처드 바크는 그와 같은 직업을 가졌으면서 그가 늘 동경해오던 작가들이다. 두 사람이 쓴 책을 읽으면 그를 이해할 수 있으려나 싶어 몇 권 구입해 읽는다. 생텍쥐페리는 죽는 순간까지 조종사 운전대를 놓지 못했고, 리처드 바크는 밥벌이 너머 나는 행위 자체에 집중했다. 그도 자신의 직업에 대해 고민했으리라. 고된 훈련과 끊임없는 공부를 이어가기 위한 원동력을 어디에서 찾았을까. 삼십여 년 한 길을 걸어온 그를 버티게 한 소명이 무엇인지 몇 권의 책만으로는 짐작되지 않는다.

세계적 재앙으로 하늘길이 막혔다. 해외여행은 옛날이야기처럼 아득하고 항공사마다 승객이 끊겼다. 재난 시국에 그는 나라와 나라를 오가며 물류를 교류할 수 있도록 길을 연다. 그가 흔들리지 않는 삶의 고도를 유지해온 까닭을 알아본다. 다큐에서 화물기 조종사의 일상을 엿보면 비행 조종사의 직업이 화려하리라는 편견 뒤에서 그들은 비바람과 싸우고 세찬 기류를 가르며 세상을 연결하고 있었다. 실화를 바탕으로 한 영화 〈설리허

드슨강의 기적〉에서는 마지막 한 명의 승객까지 챙기느라 가라앉는 비행기에서 끝까지 내리지 않던 조종사도 있었다. 목숨 걸고 지키려는 그들의 책임감을 경배한다.

숨어 있는 기억 파편들을 깨알 줍듯 모아본다. 더 이상 글이 나아가지 않는다. 머릿속은 빈 하늘이다. 설레던 장면도 아릿한 그리움도 바싹 마른 꽃잎처럼 조각조각난다. 왜일까. 한 사람을 제대로 알기 위해 그가 좋아하는 책을 읽어보고, 전투기 조종사 영화를 눈에 담고, 곁에 있는 이들에게 추억담을 듣고, 그와 책임감에 대해 대화도 나누었다. 한 발 다가선 듯하지만 과연 내가 그를 안다고 할 수 있을까. 하늘을 쳐다보지만 어느 새 별들은 모두 숨어버렸다. 아직도 내가 그를 잘 모르듯이. 밤하늘이 깜깜하다.

공달이와 순금이

새벽 3시, 공장의 불이 켜진다. 공달이가 일어났다. 직원들이 출근하기 전에 재료 준비를 해 두어야 된다. 작업에 쓰이는 기계를 예열하고 전날 밤부터 씻어 불리던 쌀의 물기를 빼내야 한다. 송편 속에 들어가는 통동부, 흑임자, 녹두, 기피 떡고물을 작업대 위로 옮겨둔다. 시계가 4시를 가리키니 어둠을 뚫고 일꾼들이 들어선다. 숨 가쁜 하루의 시작이다.

여명이 밝아오면 순금이가 깨어난다. 찌개를 끓여 식탁 위에 올리니 공달이가 아침밥을 먹기 위해 들어온다. 둘은 마주 앉아 하루의 계획을 나눈다. 일찍 출근한 직원들을 위해 주먹밥을 챙겨 담 하나 사이에 있는 공장으로 출근한다. 순금은 공달이가 쪄 둔 떡을 분류하여 소포장하고 주문 들어온 전표를 확인하며 택배를 싼다. 토요일은 평소보다 바쁜 날이다. 마음을 단단히 먹는다.

중학생 공달이에게 같은 동네 사는 동갑내기 순금이는 세상에서 제일 예쁜 소녀였다. 긴 생머리에 갸름한 얼굴의 순금이가 어쩜 그리도 사랑스러운지 그녀만 보면 가슴이 뛰었다. 연정을 품었다. 두 사람 사이에 징검다리를 놓으려며 애꿎은 후배만 괴롭혔다. 공달이를 동네 친구로만 여기던 순금이도 그의 정성에 마음을 열었다. 둘의 인연은 강산이 네 번이나 바뀌었다.

제대 후 방황하는 공달을 위해 그의 누나들은 둘이 지낼 보금자리를 마련해 주었다. 한 마을에서 공달 집안의 흥망성쇠를 지켜봐 온 순금이 아버지는 두 사람의 혼인을 무척이나 반대하셨다. 얼음장 같은 장인 마음을 공달은 오로지 성실한 생활과 붙임성으로 녹여나갔다. 장인에게 인정받기까지 그리 오랜 시간이 걸리진 않았다. 그동안 순금은 공달을 일편심으로 믿었다. 장인도 나중에는 그 누구보다 열렬히 지지해주었고 공달은 진심을 다해 섬겼다.

공달이는 책임감이 강한 남편이다. 하던 일을 그만둘 때에는 반드시 다음 일할 곳을 마련하고 마무리지었다. 결혼생활 동안 한결같이 부지런하고 강인한 뚝심으로 가정을 일구어나갔다.

월급쟁이에서 시작해 아홉 번의 장사 업종을 바꾸어 가며 무에서 유를 만들어내었다. 공달의 신념에 따라 직업 변경을 여러 번 하는 동안, 순금 역시 믿고 따라주었다.

잘 나가던 식당을 정리하고 모시송편 떡집을 준비할 때였다. 주변의 적극적인 만류가 있었다. 해오던 식당 영업만으로도 전망이 있는데 굳이 새로운 도전을 하는 공달을 이해하지 못했다. 사람들의 따가운 시선과 수군거림 속에서 떡집 건물을 짓고 자리 잡기까지 사오 년 동안 마음고생을 했다. 그 스트레스 때문인지 설상가상으로 공달의 눈에 이상이 생겼다. 잃어가는 시력에 급격한 우울증까지 겹쳤다. 그때 공달과 순금은 내게 상담을 해왔다. 순금이는 남편에 대한 걱정을, 공달이는 쉬 보이지 않는 앞날의 답답함을 하소연했다. 인생 최대의 위기였다.

순금이는 현명한 아내다. 결혼 초에는 같은 동네에 사는 시부모와 친정 부모를 의식해 처신해야 했고 홀로 사는 시어머님께는 의지처가 되어드려야 했다. 남편의 어머니 편들기로 시어머니와의 갈등의 시간도 잠깐 있었다. 하지만 순금은 시어머니를 '엄마'라 부르며 지혜롭게 간격을 좁혀나갔고 어린 남편을 다독였다. 자식들을 위해서는 누구보다 강인해졌다. 여느 엄마인들 자식 위해 희생하지 않겠는가마는 장사하며 키워야 하는 여건 때문에 소홀해 하지 않도록 밤낮없이 살폈다. 예쁘고 순수하기만 하던 소녀에서 억척스럽게 삶을 살아내는 여자가 되어가는 순금에게 공달은 미안하면서도 고마운 마음뿐이다.

위기 없는 부부가 있을까. 급한 성격의 공달이와 느긋한 성질의 순금이는 가끔 부딪혔다. 한 번 해야겠다고 마음먹은 일은 어떻게든 해내고 마는 공달이가 때로는 순금에게 버겁기까지 했다. 특히 아들의 의지와 상관없이 막무가내로 자식의 진로를 밀어붙일 때는 가족들이 초긴장 상태였다. 아들은 어긋나고 남편은 고집을 꺾지 않아 양쪽을 조율해야 하는 가슴 졸이는 시간들도 흘러갔다. 당장 헤어지자 날을 세우며 싸우기도 수십 번이다.

공달에게 순금은 부인이 아니라 영원한 연인이다. 보통은 아이의 이름을 넣어 누구 엄마, 누구 아빠라고 부르지만 공달이는 아내 이름 부르는 것을 더 좋아한다. 가끔 친구들과 어울릴 때, 공달의 소년 같은 짓궂은 장난이 이어지면 순금의 귀여운 눈 흘김이 너무나 사랑스럽다. 그들은 둘만의 소주잔 기울이는 시간을 자주 갖는다. 일상의 대화가 끊이지 않는 부부가 가장 좋은 친구라 했던가. 공달이와 순금이를 두고 하는 말 같다. 삶의 고비가 있을 때마다 이겨낼 수 있었던 비법이다.

순금이에게 가장 행복한 시간은 자신의 건물을 지었을 때이다. 비싼 월세를 내며 장사를 하고 있었는데 주인은 감당하기

벅찬 월세 인상을 요구해왔다. 공달은 결단을 내렸고 은행 대출을 얻어 땅을 사고 건물을 지었다. 처갓집의 지지가 있었기에 가능했다. 칠 년 만에 대출 상환을 끝내던 날을 순금은 최고의 기쁜 날로 꼽는다. 무일푼에서 시작한 삶이 뿌리내릴 곳이 생긴 것이다. 오로지 몸을 아끼지 않고 성실하게 일한 결과였다. 주변을 돕기 시작했고 선배들의 인정과 후배들의 응원이 뒤따랐다. 돌아보면 육체적으로는 힘든 세월이었지만 둘이었기에 정신적인 어려움은 거뜬히 견딜 수 있었다.

새벽부터 송편 공장은 분주하다. 바구니에 담겨 물을 뺀 쌀은 젖은 모싯잎과 함께 기계에서 하나로 섞인다. 세 번에 걸쳐 정교하게 갈린 재료는 반죽 기계 안에서 메쳐지며 찰기를 얻는다. 쌀과 모싯잎은 각자의 개성을 버리고 팔뚝만 한 초록의 덩어리로 뭉쳐져 나온다. 또 다른 기계는 반죽 안에 떡고물을 넣어 동글동글 공 모양을 만든다. 아직까진 송편의 느낌이 없다. 공달네 송편은 정확한 계측으로 만들기에 똑같은 떡 맛이 유지된다. 일관된 송편 맛이 공달의 철두철미한 성품을 닮았다. 손발이 척척 맞는 직원들은 반죽된 공을 손으로 빚어 반달 송편을 만든다.

두 사람의 살아온 모습이 모시송편 만드는 과정 같다. 개성 강하고 따로 생각이던 둘은 세파에 갈리며 뒤섞이는 고통을 겪었다. 수십 번 세상 밖으로 메쳐지는 동안 서로를 감싸는 찰기가 생겼다. 그 안에 자식이라는 고물을 품었다. 궂은일 가리지 않고 노력하는 부모를 보고 자란 아들은 방황을 끝내고 가게 일을 돕더니 어느새 어엿한 사업가가 되어간다. 아들은 곰살궂게 손님들을 상대해 무척 인기가 많다. 재능이 따로 있었다고 여기며 공달과 순금은 이제 한시름 놓는다. 송편을 잘 빚으면 고운 아이를 낳는다는 옛말이 있다. 둘은 맛깔나게 송편을 만들었기에 자식들의 삶도 잘 빚어진 것 같아 매사가 감사하다.

찌고 식히는 과정에서 송편 맛이 결정된다. 푹 익혀 꺼낸 후 재빨리 건조시켜야 쫄깃한 식감이 산다. 공달과 순금은 삶을 익혀야 하는 나이에 접어들었다. 송편이 뜨거운 김 위를 거쳐야 음식이 되듯이 담금질하는 세상일들을 기꺼이 받아들여야 생이 익는다. 지금까지 그래왔듯이 앞으로도 내 친구들인 공달과 순금은 충분히 잘 해낼 것이다. 공달은 몇 년 뒤 일선에서 은퇴하여 순금과 전국 여행하는 꿈을 키우고 있다.

부부는 정말 닮아가는 것일까. 순금이가 즐겨 부르던 노래에 요즘 공달이가 빠져있다. 연신 같은 노래만 흥얼거린다. 분주한 일과를 마치고 노래방 기계 앞에 선 두 사람이 파트를 자연스럽게 나눠 부른다. 공달이와 순금의 화음이 고즈넉한 밤공기를 가로지른다.

한시랑뜰

어느 미술가의 작품일까. 도화지 여러 장을 퍼즐 맞추듯 땅 위에 늘어놓아 거대한 얼굴 하나 만들었다. 낯바닥이 밤새 두꺼운 분단장을 했는지 경극 배우마냥 뽀얗게 두툼하다. 머리 꼭대기에는 눈가루를 잔뜩 덮어쓰고 있다. 짙은 눈썹은 색종이를 붙이다 심술을 부렸는지 가지런하지 않고 엇갈리게 놓았다. 후덕한 턱선 아래로 아낙의 스카프인 양 검푸른 하천이 둥글게 휘감아 돈다. 귓등 너머로 가로등 불빛에 도래지 불상이 반짝인다.

전라도 영광에 폭설이 내렸다는 소식을 듣고 세 명의 사진사가 의기투합했다. 법성포 대덕산에 올라 눈 쌓인 한시랑뜰을 배경으로 물돌이를 찍어보자는 목적이다. 발자국 없는 사진을 위해 새벽에 출발했다. 도착하고 보니 아직 밤기운은 남아 있고 전날 녹았던 눈이 영하의 기온 때문에 빙판길이 되었다. 삼백 미터의 높지 않은 산이지만 길은 경사가 심해 가파르다. 아이젠까지 차고 올랐으나 가풀막진 오솔길은 숨이 가쁘다. 동네가 뒤로 물러설수록 괜한 두려움이 밀려온다.

첫 번째 사진 포인트는 갈모바위다. 벼랑 끝에 서면 아래에서 불어오는 칼바람이 매서워 온몸이 저절로 움츠려진다. 여기서는 한시랑뜰의 반듯한 모양새가 왜곡되어 나타난다. 물돌이 반원형도 비틀린다. 좀 더 오르면 무덤 앞자리가 나온다. 사진 찍는 이들이 선호하는 지점이다. 남들과 다른 각도의 사진을 담고 싶은 사람은 정상까지 간다. 전망대서 내려다보면 여인의 얼굴처럼 생긴 한시랑뜰이 파노라마로 펼쳐진다.

태초의 땅은 아니었다. 간척 사업으로 갯벌에 석축을 쌓아 조각보 잇대듯 새 흙을 메운 땅이다. 바다에 떠 있던 소드랑섬은 나즈막한 야산이 되었다. 갯벌과 완전히 섞이지 않은 땅에 물을 대어 어린 모를 키워낼 때는 부대낌도 있었으리라. 산자락을 휘돌아 메우다 보니 자연스럽게 물돌이 천이 만들어졌다. 초여름 무논에 석양이 어리면 봉선화 꽃물로 물들이고 가을이 익어가면 황금 바둑판이 정갈하게 놓인다. 한겨울에는 하얀 목화솜 이불을 펼쳐 세상의 허물을 덮는다.

서쪽으로 향한 땅이라 아침 햇살은 여느 곳보다 늦게 비친다. 법성포구의 가로등도 꺼진 지 오래인데 어둠은 쉽게 가시지 않는다. 설상가상으로 잿빛 구름까지 지상 가까이 내려와 뒤덮었다. 빛나는 일출 광경을 담으리라는 부푼 기대로 달려왔건만 좋은 사진은 하늘이 도와야 한다는 말만 머릿속에서 맴돈다. 그림 같은 사진이라면 밀물 때 물돌이동의 물이 가득 채워지고 파란 하늘을 배경으로 흰 구름 몇 조각 떠 있으며 뜨는 해의 붉은 빛은 진해야 한다. 사진이나 삶이나 마음먹은 대로 되지 않는 것이 인생이듯 출사를 나가면 실패하기가 부지기수다. 같은 장소에 수없이 찾아가고 때를 기다리며 노력해볼 수밖에.

　얼어가는 손발을 비비며 세 시간을 버텼다. 그만 내려가자며 포기하려는 순간, 맞은편 구수산 위로 약간의 빛이 어린다. 쌓여 있던 눈의 백색에 태양 빛이 흡수되어 마치 흰 바위에 엷은 분홍 물이 스미는 것 같다. 붓질이라도 지나가는지 불그레한 빛이 산등성이를 따라 서서히 번지더니 어느새 도래지 부처님 머리 위까지 도달한다. 여기저기서 탄성이 터진다. 가슴은 쿵쾅거리는데 언제 그랬냐는 듯 불과 오 분 남짓의 빛 내림을 끝으로 구름이 재빠르게 닫힌다. 한숨이 저절로 새어 나온다. 인간사 이렇게 짧은 찰나의 행복 때문에 아등바등 애쓰며 살아가는가 보다.

내려오는 길에 한시랑뜰을 품고 있는 법성포 마을에 들렀다. 그곳에서는 명성만큼이나 굴비를 주렴처럼 집집마다 걸어두었다. 대롱대롱 매달린 수백 개의 눈알들이 나란히 멀뚱거린다. 내가 그들을 바라보는 것인지 덕장의 굴비들이 지나는 나를 구경하는 것인지 헷갈린다. 제주나 목포에서 온 조기들은 짠 소금 맞으며 뒤섞이고 세 가닥 끈에 엮이는 동안 한통속이 되었다. 출생지가 다르다는 이유로 차별이나 다툼 따윈 없다.
　새벽의 조기 공판장이 분주하다. 잽싼 주름투성이 손 사이로 주섬주섬 더딘 손놀림 하나가 보인다. 베트남에서 시집왔다는 타국 여성이다. 잠든 아이를 남겨 두고 가로등 불빛 따라나섰을 그녀가 애잔한 미소를 짓는다. 둘러보니 여자들이 엮어 놓은 조기를 손수레로 나르는 이들도 외국인 남자들이다. 이제 이곳도 외국에서 찾아온 일손이 아니면 일이 진행되지 않는다. 그들 역시 간척지의 북돋운 흙처럼 우리에게 새 흙 역할을 하는 사람들이지 않을까. 딴 흙이 옮겨온 땅에 뿌리를 내리듯이 삶을 단단하게 다져 나가고 있는 중이리라.
　한시랑뜰은 땅으로 변신을 했으나 여전히 바다 영역 안이다. 만조 때에는 하천물이 들판까지 넘어 올 것처럼 넘실거린다. 농사꾼의 벼논은 위태로워 보이나 묶여 있던 포구의 고깃배들은 자유를 찾는다. 완전한 육지도 못되고 갯벌의 끝자락도 아니지만 양쪽에 맞대어 조화로운 생을 일군다. 썰물이 되면 하천변으로 울룩불룩한 갯고랑이 드러난다. 인부들의 굵은 힘줄이 내돋치는 팔목을 닮았다. 갯골의 거친 힘줄이 그물망이 되어 들녘의 흙을 감싸 안았다. 한시랑뜰과 갯골은 그렇게 서로를 의지하며 한쪽으로 기울어지지 않은 삶을 지탱하고 있다.

와탄천이 돌고 돌아 바다의 품에 안긴다. 바다 초입에 영광대교가 떡하니 버티고 있다. 마치 이곳이 처음부터 사람 사는 곳도 농사짓는 땅도 아니었다며 무심히 뱉었을 차별의 말들을 바다로 흘려보내고 있는지도 모른다. 한시랑뜰에서 겪었을 상처들을 보듬기 위해 우리나라 최초 불교 도래지 부처님이 영광대교를 바라보며 서 계시는 것은 아닌지. 인도에서 낯선 이 나라까지 들어와 계신 깊은 뜻이라 짐작해 본다.

갑자기 샛바람이 몰아치기 시작한다. 더 많은 눈이 내리기 전에 작업을 마쳐야 한다며 일의 속도를 낸다. 한시랑뜰에 또다시 소나기눈이 내린다.

뜬다리

다리는 혈맥이다. 섬과 섬을 연결한 일천네 개의 다리를 지나 뜨거운 피가 돈다. 사람이 다니고 자동차가 오간다. 옛사람들은 바다에 노둣돌 징검다리를 놓아 섬마을이 외롭지 않게 했고, 강가나 하천에 놓은 섶다리를 통하여 시집가고 장가왔고 상여가 나갔다. 외나무다리는 마주 오는 사람이 보이면 한쪽 끝에서 기다려주는 배려와 양보의 삶을 슬며시 알려준다.

군산항 부두는 출항을 앞둔 배들이 부산하게 움직이고 바닷가 억새밭은 은빛 머리채를 빗질한다. 그 풍경을 뒤로하고 나는 진포해양공원을 둘러본다. 왜적의 횡포가 위협적이던 시절에 사람을 납치하고 재물을 노략질하던 왜구 함대에 맞서 고려 함선이 최초로 승리를 거둔 곳이다. 갯바람 따라 어디선가 광폭한

왜적에게 당당히 맞서 이긴 화포의 포성이 울린다. 아우성이 들리면서 화염에 휩싸인 왜선의 불꽃이 부두를 붉게 물들이는 것 같다. 쌀쌀한 기온이지만 어깨가 힘껏 뒤로 젖혀진다.

바람이 비껴가는지 해안가로 줄지어 선 국기들이 펄럭인다. 국기 게양대 옆으로 '군산항 뜬다리'라는 입간판이 반긴다. 고개 돌려 주위를 둘러보아도 막돌을 쌓아 만든 돌다리나 무지개다리 홍예, 기다란 쇠를 조립해 세운 철교는 보이지 않고 바다를 향해 교자상을 펼쳐놓은 듯 반듯하게 생긴 거대한 콘크리트 구조물만 눈에 띌 뿐이다.

서 있는 형태가 기이하다. 두꺼운 강판으로 상판을 받친 원통 기둥은 단단한 족쇄를 채웠고 양쪽으로 쇳덩이 추를 매단 사슬이 힙합 가수 바지 장식인 양 대롱거린다. 마치 제물 올리는 제단을 세워둔 것 같다. 나무토막을 촘촘하게 박음질한 마룻바닥도 나지막이 엎드렸다. 두 줄의 나무 널판길이다. 아래로 사람이 지나면 거인 무릎 사이를 오가는 난장이처럼 보인다. 누가 얼마나 많은 제물을 올리려고 저토록 큰 제단을 만들었을까.

다리도 계단도 지나지 않는 길이다. 얼핏 보면 로봇 팔을 구부려놓은 듯하다. 삐걱거리는 소리를 밟으며 바다 영역 안으로 들어간다. 뻘 속도 아니고 물 위도 아닌 철판을 엇갈리게 잇댄 곳을 사람이 다닌다. 아침 햇살을 등에 올려놓은 어부 둘이 널

따란 자리에서 그물을 펼쳐놓고 꿰매는데 바다를 배경으로 앉은 그들 뒤로 비릿한 바람맞은 깃발이 뱃전을 쓸어내린다. 해풍에 검게 탄 어부의 손에 젓가락보다 굵고 붓끝처럼 뾰족한 푸른색 플라스틱 바늘이 들렸다. 옆에 쭈그리고 앉아 그들의 손끝을 보노라면 그물코를 헤집고 다니는 솜씨가 여염집 아낙네 바느질보다 잽싸고 정교하다. 우리가 서 있는 곳은 땅이 아니라 물살에 출렁이는 바지선 위라고 한다. 지붕이 없을 뿐 나란히 매어 놓는 어선보다 더 커다란 배다. 고개를 바다로 내밀어 살피니 울룩불룩한 갯골이 배 밑으로 지난다.

밀물과 썰물의 차이가 크다. 바닷물이 밀려들면 작은 고깃배는 물론이고 커다란 어선도 자유로이 드나들지만 날물 때는 꼼짝없이 배들이 갯벌에 퍼질러 눕는다. 어부들은 그때를 기다려 가까운 이와 막걸리도 걸치고 찢어진 그물도 손질한다. 자연에 순응하는 삶이다. 그러나 순리를 거스르는 자들이 있었다. 썰물 때마저도 배를 대어 성급하게 곡물을 실어 가야 했기에 잔꾀를 부려 괴이한 다리를 만들었다. 일제가 오로지 우리 것을 빼앗아 가기 위해 만들어 낸 뜬다리였다. 피와 땀으로 농사지은 쌀을 실어 가고 그 자리에 헐벗은 굶주림만 남겼다.

보통의 다리는 한쪽과 다른 쪽을 연결하지만 뜬다리는 넘어가나 다시 건너오지 않는다. 이별은 있으나 만남이 없는 되돌아오지 않는 길이다. 뿌리가 없어 물발에 떠밀리며 부평초처럼 흔들리는 가짜 다리다. 일제강점기 막바지에는 우리나라 쌀 생산량의 절반을 앗아갔다니 백성들의 배고픔이 오죽했을까. 자신들의 전쟁을 위해 군산항에 제단을 세우고 조선인들의 한숨과 눈물을 제물로 올렸다. 문득, 뜬다리는 일제가 우리 땅에 꽂아 놓은 거대한 빨대처럼 느껴진다. 분노가 서리자 거머리 빨판에 물린 것처럼 내 종아리 언저리가 서늘해진다.

파란 물이 금방이라도 떨어질 것 같은 하늘을 올려다본다. 떠다니는 구름 사이로 위안부 할머니들을 위한 후원금을 빼내 사리사욕을 채웠다는 이의 재판 화면이 떠오르고, 월급 한 푼 주지 않은 채 지체 장애인을 노예처럼 부린 염전 소식이 스친다. 외국인 노동자들에게 터무니없는 차별을 하고 버티기 힘든 고된 작업을 시켜 도망칠 수밖에 없도록 한 고용주들의 이야기도 귓가에 울린다. 아닌 척, 모르는 척하지만 아직도 곳곳에 존재하는 뜬다리들은 아닐는지.

치욕의 불명예를 짊어졌다. 뜬다리는 일제의 헛꿈을 보여준다. 고통으로 몸부림치는 원성에 짓눌려 스스로 무너져 내리고 싶진 않았을까. 항로가 바뀌었다. 사라지는 대신에 후세의 따가운 눈총을 견디기로 한 모양이다. 나라 잃은 자들이 겪어야 했던 처절한 역사를 일깨우고 있다. 그러기에 초승달 형상으로 향기에 취한다는 경복궁 취향교나 이승에서 다하지 못한 애절한 젊은 부인의 정한을 미투리로 빚어낸 안동 월영교처럼 정감 어린 이름을 바라지도 않는다. 수탈의 상징이라는 오명으로 불리며 오늘도 짜디짠 염분을 뒤집어쓰며 버티어낸다.

하오의 부두에 바닷물이 밀려든다. 밀물은 갯골을 점령하더니 뻘밭마저 집어삼킨다. 그 기세에 밀려 비스듬히 기울어졌던 다리가 천천히 물과 수평을 이룬다. 물길의 신호라도 받았는지 쇠사슬에 매달린 추가 서서히 움직인다. 덩달아 바지선이 솟아오르자 하늘에라도 닿을 것처럼 높았던 뜬다리 제단이 손에 잡힐 듯 가까워진다. 여기저기서 덜컹거리는 소리가 난다. 뜬다리가 꺼억꺼억 울고 있다. 하루 두 번, 조선 백성들이 쌓았던 절규를 곡성哭聲으로 풀어낸다.

페이머니

방석이 깔렸다. 펜션 거실에 네 명의 선수가 앉았다. 대학생 둘과 사회초년생 한 명 그리고 오십 대 여자이다. 오십 대는 주머니에서 천 원짜리 세 장과 만 원짜리 두 장을 방석 밑으로 넣고 동전을 쌓아둔다. 이십 대들은 지갑도 없이 휴대폰만 옆에 두고 앉는다. 오십 대는 그들의 태도가 미심쩍어 판돈을 가져오라고 재촉한다. 이십 대들은 걱정 말라며 손사래 친다. 사각의 링 위에서 고스톱 경기가 시작되었다.

점당 백 원이 규칙이다. 선수들은 진지한 표정이다. 선을 잡은 대학생 한 명이 화투패를 돌린다. 손에 일곱 장을 들고 바닥에는 여섯 장이 깔렸다. 화투를 쥔 채 서로를 바짝 경계한다. 옆에 앉은 사회 초년생이 광팔이를 한다. 일광, 삼광, 팔광 석장을 판다. 광값은 선불이고 두 배를 받는 조건이다. 오십 대는 주섬주섬 오백 원짜리 동전과 백 원짜리 동전 한 개씩을 내민다.

다른 이십 대는 핸드폰을 켜고 카톡에 단체 대화방을 만든다. 그가 대화창 아래의 더보기[+] 표시를 누르고 송금을 터치하니 보내기 창이 뜬다. 나머지 선수들이 그가 하는 행동을 지켜본다. 이십 대들은 대수롭지 않게 바라보고 오십 대는 자못 궁금한 눈치다. 보낼 금액을 치고 비밀번호 여섯 자리 숫자를 입력한다. 자동 충전이 된 페이머니 연결계좌에서 송금액이 인출되고 잔액이 표시되었다. 확인 버튼을 누르니 대화창으로 되돌아온다. 광값이 지불되었다. 오십 대는 입 밖으로 탄성이 나왔다.

그녀는 슬그머니 나머지 돈을 주머니에 넣는다. 이제 고스톱 판 위에는 현금이 없다. 선수들은 티끌 모아 태산으로 피들을 모은다. 고도리가 날고 홍단 청단 초단이 꽃을 피운다. 흔들기 폭탄마저 터진다. 고! 하며 끗발을 세우자 주위가 조용해진다. 고요 속에 팽팽한 긴장감이 돈다. 숨은 쌍피 하나가 역전을 시킨다. 옆에서 악! 핏대 세우는 소리가 난다. 사회초년생이 고박을 썼다. 그는 가만히 핸드폰을 켠다. 띵동. 송금되었다. 수수료는 무료다.

고스톱은 우리 가족의 명절놀이다. 설 추석이면 으레 거실 가운데에 고스톱판을 펼쳤다. 그러다가 아예 군용담요 한 장을 따로 준비했다. 군청색 담요가 꽃 그림이 그려진 화투놀이하기에 적합하다는 의견이었다. 네 겹으로 접으면 적당한 두께의 화투판이 만들어졌다. 점수는 숫자로 계산되었으나 가끔 성냥개비나 바둑알도 사용되었다. 군밤 때리기나 통닭 사기 벌칙도 있었지만 어른들에게는 오고 가는 현금이 최고였다.

시어머니는 노인정에서 민화투를 치셨다. 동전이 필요하여 늘 지갑 안에 넉넉히 넣어드렸지만, 돌아오는 어머니 표정을 보면 금방 그날 점수를 알 수 있었다. 조금만 잃어도 화투놀이를 같이한 누구 댁의 흉을 보거나 괜한 날씨 탓을 하셨다. 얼마라도 딴 날에는 아프던 다리도 가볍다 하셨고 노인정 밥상까지 칭찬 세례가 이어졌다. 두둑하게 동전이 들어 있는 지갑은 어머님의 놀이 주머니였다.

선수 한 명이 화장실에 간다. 밖에 나갔다 돌아온 다른 중년 여자가 그 자리에 앉는다. 화투가 돌려지고 옆에서 광을 판다. 그녀는 아직 페이머니를 사용하지 않는다. 곁에 앉은 남편에게 슬쩍 광값을 지불해 달라고 요청한다. 남자는 못 들은 척 일어나 슬그머니 담배를 피우러 나간다. 여자는 어쩔 수 없이 핸드백에서 동전을 찾아온다. 그녀 역시 젊은이들의 현대판 계산 방식에 은근히 소외감을 느끼는 눈치다. 선수가 돌아오자 얼른 자리를 물려주고 동전을 챙겨서 다른 방으로 이동한다. 이 모든 광경을 구경하던 나는 슬며시 웃음이 나온다.

 지난달에는 상담료가 카카오페이로 입금되었다. 대화창에 금액이 표시되었는데 그림의 떡이었다. 혹여 사라질까 봐 수시로 문자를 확인하며 눈도장을 찍었다. 며칠을 못 찾아 쓰니 계속 신경이 쓰였다. 여느 때보다 전화기가 소중해졌다. 딸과 사위가 집에 왔을 때에야 비로소 페이머니를 찾을 수 있는 방법을 배웠다. 내 계좌로 송금을 한 후 통장에 찍힌 선명한 숫자를 보고서야 마음이 편안해졌다.

 세상은 점점 편리함으로 나아가고 있다. 디지털 기기는 발전되고 기술은 계속 진화한다. 편리함은 사용하는 사람들이 누리게 된다. 음식점에서는 키오스크라는 무인기계로 주문을 하고 생필품도 핸드폰으로 결제한다. 요즈음 신세대들은 새로운 모임에 참여할 때 자기소개서를 파워포인트로 만들어가기도 한다. 변화하는 세상을 탓할 수만 없다. 아날로그 세대들도 눈을 뜨고 마음을 열어 배우는 수밖에 없다. 그것이 우리의 미래이므로 기꺼이 받아들여야 한다.

독도 하모니

첫자는 '독'이다. 모든 일에 시작이 중요하듯 문장의 맨 앞이라 유독 신경이 쓰인다. 매직펜을 쥔 손이 그림자를 살짝 흔들며 하얀 도화지 위를 지난다. 긴장했으리라. 여럿이 무릎을 맞대고 둘러앉은 가운데에 홀로 처음의 무게를 짊어지고 있다. 결투를 앞둔 전장에서 군인의 표정이 저랬을까. 비장함마저 서려 있다.

상윤이가 고른 색깔은 진한 장밋빛으로 붉다. 그와 무척 어울리는 색이다. 평소에 무엇이든 배우고 도전하는 열정을 표현하는 빛깔이다. '디귿'을 이웃 마을로 다리 놓듯 길게 쭉 긋는다. 글꼴이 미세하게 물결친다. 중간 소리를 쓰고 받침 '기역'으로 마무리한다. '독'이 완성되었다. 자신의 사인까지 휘갈기고 어깨를 으쓱하며 고개를 치켜든다. 글 한 자 쓴 것이 무에 그리 대단한 일이라고 숨죽여 손끝을 지켜보던 이들도 일제히 환호를 지르며 손뼉을 친다. 적군에게 고지를 탈환한 병사들마냥 떠들썩하다.

 '도'의 주인은 문성이다. 검은색으로 바깥 획을 그린 후 첫자와 같은 빨강을 사용하여 안을 채운다. 그가 쓴 글자는 도드라지면서 단정한 인상을 풍긴다. 글자에도 그것을 적은 사람의 혼이 담겨진다. 강직한 상윤의 것과 반듯한 문성의 글자는 비슷해 보여도 느낌이 전혀 다르다. 상윤에게서 무슨 일이든 남보다 앞장서 주는 배려를 느꼈다면, 문성은 글자 테두리를 먼저 썼듯이 친구들 사이에서 전체적인 구도를 잡아주는 역할을 한다. 앞서서 나서진 않으나 누구라도 자연스럽게 스며들도록 밑그림이 되어준다. 무채색 바탕이 있어야 다채로운 색들이 더욱 빛나 보일 것이다. 독도. 두 글자가 스케치북 위에 선명하게 섰다.

 울릉도 여행에 독도를 방문할 계획을 넣었다. 여행을 준비하는 사이, 일본이 도쿄올림픽 성화 봉송 지도에 동해를 일본해로, 독도를 일본 영토 색으로 표시하였다는 뉴스가 들려왔다. 며칠 후 우리나라 서예가가 일본 지도에서 독도를 삭제하라는 오륜기 퍼포먼스를 하는 영상을 보았다. 평소 같으면 분개하면서도 막상 어떠한 행동도 생각하지 못했을 테고, 서예가에게는 응원의 마음만 보냈을 것이다. 그러나 마침 독도를 찾아갈 기회가 생겨 우리도 항의의 뜻을 전하자는 의견을 모았다. 굵은 펜으로 도화지에 글자를 하나씩 써서 나란히 들고 서면 문장이 만들어지리라는 아이디어가 나왔다.

　어릴 적에 크레파스로 그림을 그리거나 아이를 키우며 숙제를 도와 붓질하던 스케치북이다. 손주를 맞는 나이가 되어 도화지 위에 색 글씨를 쓴다는 것이 어색하고 손마저 떨린다면서도 모두들 기대하는 눈치이다. 스케치북과 색깔 펜을 사려고 문구점을 찾았다. 매장 한켠을 톡톡히 차지할 정도로 많은 도화지 종류에 놀랐다. 고르기를 고민하다가 세상살이에 지칠 때면 두 팔로 감싸 토닥여주던 친구가 떠올라 그의 어깨 넓이만큼 커다란 스케치북을 집어 들었다. 큰 글씨 쓰기에 편리한 사각 매직펜을 발견하고는 주저 없이 장바구니에 담았다. 열두 색이 어깨를 겯고 상자 안에 들어 있다. 마치 좁은 차를 타고 다니는 동안 서로의 어깨가 겹치고 몸을 오므려 불편도 하련만 기꺼이 웃어주는 친구들 같아 선뜻 눈길이 갔다.

　태규가 '대'를 주황색으로 쓰더니 그 위에 녹색을 덮는다. 끝 획은 멋 부린다고 한껏 구부렸다가 쳐올리니 초록 잎 위로 솟은 글자가 접시꽃처럼 한 떨기 글꽃을 피운다. '한'은 햇볕을 가득 머금은 가을 배 모양 동그라미를 중앙에 두고 선들이 주위를 호위한다. 깔끔한 성품의 성이가 썼다. 운동으로 다져진 늘씬한 몸매처럼 금순의 '민'자도 부드럽게 굽어 흐른다. 한쪽에서는 선미의 강한 파란색과 윤정의 연한 노랑이 합쳐지며 화합의 연두색 '국'을 만들었다. 독도경비대라 불러도 어색하지 않을 풍채 좋은 성님은 황토색을 잡더니 굵직하게 '땅'을 내려쓴다. 그녀의 땅은 거센 태풍에도 휩쓸리지 않을 것처럼 다부지다. '는'과 '이다'의 담당은 용만이다. 관계를 연결해 주고 뒤에서 힘을 더해 주는 보조사 역할을 하는 친구다. 표정들이 하나같이 나라를 구할 큰일이라도 꾀하는 양 진중하다.

글자로 채워진 종이를 하나씩 들고 실전처럼 가로로 서 본다. 한 발 떨어져 읽어보니 어쩌면 그리도 가지각색의 빛깔과 모양들인지. 비뚤배뚤 들쑥날쑥. 서울 토박이와 전라도에서 나고 자란 친구 사이에서 미묘하게 어긋나던 감정이 느껴지고, 관심 두는 상황이 달라 퉁명스럽게 대했던 못난 내 모습도 보인다. 다시 도화지를 바닥에 펼치고 굵기를 맞추고 색깔을 덧입히며 합쳐지는 기운을 찾아간다.

단순히 짧은 문장 하나를 만드는 작업이었다. 그 작은 일에도 친구들의 각자 고유한 특징이 나타나 글자들이 비틀거리리라고는 예상하지 못했다. 살다 보면 나와 다른 사람을 얼마나 수없이 마주치는지. 서로서로 존중하고 인정해 주어야만 한데 어울릴 것이다. 함께하는 시간이 쌓일수록 상대를 알게 되고 아는 만큼 이해하는 폭도 넓어지리라. 그나저나 일본은 독도를 두고 언제까지 생떼를 부릴 작정인지. 사실을 인정할 줄 모르는 그들에게 우리의 생각이 전달되리라 믿어본다.

  울릉도에서 뱃길로 두 시간 거리지만 날씨와 파고에 좌우되어 독도에 발을 들여놓기가 쉽지 않다는 말을 적잖이 들었다. 배가 무사히 접안하기를 바라면서 작은 태극기도 쥐고 얼굴과 마스크에 태극 문양도 새겼다. 고생하는 독도 경비대원들에게 전달할 모시떡과 생 오이도 영광에서 싣고 왔다. 뱃머리 너머로 희미하게 독도가 보이기 시작하자 가슴이 먼저 뜨거워진다.

  독도에 발을 들여놓았으나 머무를 시간은 짧다. 서둘러 동도를 배경으로 줄지어 늘어선다. '독'이 기준을 잡고 '땅'이 자리한다. 마치 동도와 서도가 여든아홉 개의 섬을 품고 있듯이 우리도 열 개의 글자를 안았다. 도화지를 펼치기 어려울 정도로 바람이 세차게 불어대지만 의지를 꺾을 수 없다. 관광객들이 힐끗거려도 오히려 당당하다. 하나 둘 셋. 신호에 맞춰 일제히 두 팔을 펼친다. 순간, 여러 지방의 젊은 장병들이 한마음으로 독도를 지키듯, 각기 남다른 개성을 가진 열 명의 마음이 섞이고 어우러진다. 독도 하모니다.

  "독도는 대한민국 땅이다!"

| 작품해설 |

존재에 대한 치열성 그리고 자기갱신
- 김희숙의 수필집 《쪽항아리》의 진경

김 정 화
(문학평론가 · 동의과학대학교 외래교수)

김희숙 작가를 세우며

  인간의 삶은 연속되어 나가는 한 끊임없이 자신을 변화 갱신시킴으로써 재창조하게 된다. '자기갱신Self-renewal'의 체험은 자신의 삶을 돌보고 있다는 감각을 가지며 그 감각을 익힌 사람은 예속된 삶을 거부한다. 따라서 새로워지기 위한 노력은 이제까지의 것들에 대한 반성과 탐구와 발견이 뒤따른다. 자기 삶을 되돌아보는 것은 그간 무엇에 공을 들였으며 어디에 얽매여 살아왔는지를 확인하는 과정이며, 탐구와 발견은 새로운 자신의 세계를 창조하는 원동력이 된다.

  그것이 수필을 쓰는 작가라면 자신의 삶뿐만 아니라 대상의 본질을 찾으려는 길항이라고 볼 수 있다. 수필은 작가의 삶과 정신을 담는 그릇이다. 작가가 대상을 탐구하고 소재를 선택하여 풀이한다는 것은 주제와 표현 방법에 그치지 않고 '나' 자신을 향해 스스로 다가가는 행위이다. 작품을 통해서 자신과의 대화를 하고 자아의식을 반영하여 세계와의 관계를 형성한 작가만이 더 나은 내면세계를 구축하게 된다. 그 점에서 주도적으로 자기갱신을 위해 노력하는 자가 김희숙 작가라고 할 수 있다.

김희숙 수필가는 2021년 《수필과비평》으로 등단하여 그해 '제11회 대한민국독도문예대전'에 〈울릉도의 맛〉으로 특선을, '제5회 포항스틸에세이'에 작품 〈조새〉로 대상을 수상하였으며, 이듬해 2022년 '경남신문 신춘문예'에 수필 〈쪽항아리〉가 당선되는 쾌거를 이룩하였으며, 연이어 수필집 《쪽항아리》를 상재하기에 이르렀다. 물론 이전에 《길을 묻는 인생에게》, 《운명의 블랙박스》, 《사주로 못 풀어낼 인생고민은 없다》라는 자기계발서를 출간한 이력은 있으나, 그녀가 이처럼 단기간에 문학적 풍작을 거둔 이유는 무엇인가.

먼저 그녀는 발로 뛰는 작가라는 점이다. 영화감독을 만나고, 소방관을 인터뷰하고, 옻칠 장인의 서사를 취재하고, 쪽 염색 장인을 만나 쪽물을 들여보고, 빅토리아 연꽃의 개화를 포착하러 야간 출사를 떠나고, 매운 바닷바람을 맞으며 매생이도 건져 올려 본다. 함평 장날에는 대장간을 찾아 조새를 구입하고, 남원의 춘향제향일에 달려가고, 군산항 부두의 뜬다리를 직접 확인하며, 청주 금속활자전수관을 방문하고,

일출 장면을 보기 위해 대덕산에 오르며, 백두산과 독도를 다녀온다. 그뿐인가. 밤낚시를 신청하고, 마당극을 관람하며, 누드모델 촬영장에 카메라를 메고 가며, 지인이 운영하는 떡집에서 하룻밤 지새며 공정을 글로 옮긴다. 한 편의 글을 쓰기 위해 몇 권의 책을 독파하며, 강의를 듣고 전문가를 만나고, 먼 길도 마다치 않고 직접 체험한다.

그렇다고 그녀의 눈길을 잡는 소재는 거창하거나 화려한 것이 아니다. 잊혀져가거나 내던져진 것, 연약하고 무관심한 것에 대해서 오성의 감각을 동원하여 크게 눈을 떴다. 비천한 것에서 고결한 의미를 찾고, 추의 소재도 미의 관점으로 전환하며, 그늘진 것에서도 생의 질감을 느끼려 고군분투하였음을 《쪽항아리》로 증명해내었다.

이에 김희숙 작가가 독자의 정신을 꿰뚫게 만든 인식 대상에 대하여 '사물'에 대한 본질의 미학과 '인간'에 대한 신뢰의 진폭, 그리고 '자연'에 대한 은유와 적용으로 구분하여 대표작들을 살펴보고자 한다.

1. 사물에 대한 본질의 미학

한 사람을 안다는 것은 그 사람의 본질을 아는 것이며, 한 사물을 아는 것 역시 그 사물의 본질을 이해하는 것이다. 즉, '도대체 대상들의 표상을 어떻게 판명하는가'라는 물음에 대한 답을 구하는 일이 된다. 사물의 성격은 오직 인간만이 발견할 수 있으며 인간만이 규정지을 수 있다. 그러므로 본질에 대한 탐구는 시간의 흐름에 따라 변화할 것이고, 개개인의 시선에 따라서 형식과 내용이 달라질 것이며, 통찰의 깊이에 따라 인식의 결과 또한 다층적일 수밖에 없다. 그렇지만 사물의 이해를 위해서는 각자의 해석적 지평에 맞는 본질 찾기를 이루어내야 할 것이다. 이러한 측면에서 김희숙은 〈조새〉를 어떻게 해석해내었는가.

> 공산군이 마을 장정들을 학살할 때 외할아버지도 억울하게 희생당하셨다. 안타깝게도 첫아이인 내 어머니를 임신한 상태였다. 유복자였던 갓난아기를 품에 안은 채 살길이 막막해진 외할머니는 새 삶을 택했고 두 딸을 더 낳았다. 조새는 나무 손잡이가 중앙에 있고 좌우로 전혀 다른 형태의 쇠갈퀴가 부착되었다. 그 생김새는 성씨 다른 이모들과 어머니가 외할머니의 양옆에 기대어 사는 모습처럼 좌우 대칭을 이루지 못하고 매우 기형적이다.
>
> - 〈조새〉 일부

작가에게 조새는 바닷가에서 굴을 채취하는 도구인 쇠붙이를 넘어선다. 양 날개가 기형인 쇠 날을 보며 어머니의 기형적인 가족 관계를 떠올렸다. 그 비대칭의 쇠갈퀴가 유연한 날갯짓으로 굴의 속살을 골라내듯이, 아비가 다른 자매들이 합심하여야만 거친 생을 버틸 수 있었다는 것을 규명해낸다. 나아가 변함없는 조새의 형태와 굴 까는 작업에서 바닷가 여인들의 고단한 삶을 역설하고, 도시로 나간 현대 여성들 또한 "또 다른 조새를 손에 들고 생활전선에 서 있"음을 표출하게 되는 것이다.

표제작인 〈쪽항아리〉의 해석은 더욱 신선하다. 항아리 하나 흙에서 태어나 '쪽항아리'라는 이름을 얻고서 흙 속에 묻힌다. 염료인 니람을 품고 세월을 견뎌내어 쪽발을 세워야 한다. 비로소 천연염색 장인을 만나 무명천에 바다색 쪽물을 들이는 과정을 항아리의 관점에서 관능적이고 감각적인 문체로 섬세하게 그려내었다.

> 그가 돌아온다. 손에 쪽빛 천이 들렸다. 두 다리로 감싸 안더니 천천히 어루만진다. 왼손이 부드럽게 내려가고 오른손이 후렴처럼 따른다. 가다듬는 손길에 마음이 씻기고 머릿속이 맑아진다. 출렁거리는 가슴은 쉽사리 진정되지 않는다. 리듬을 타며 온몸을 내맡긴다. 그늘 드리우던 차양 끝은 여전히 살랑거리고 풀잎 부딪치는 소리조차 들리지 않는다. 파랑에 초록이 더해진다. 그의 등 근육이 성난 짐승처럼 우르릉거린다. 마른하늘에 천둥이 번뜩이고 항아리 안으로 걷잡을 수 없는 폭풍우가 몰아친다. 희열의 파열음을 뱉으며 드디어 쪽빛 문이 열린다. 그의 손톱에도 먹구름 같은 검은 물이 든다. 건너편 장독대 항아리들은 한여름 열기를 모르는 척 돌아앉았다.
>
> — 〈쪽항아리〉 일부

쪽항아리에 엎드려 쪽물을 들이는 장인의 손놀림과 수동으로 응하는 쪽항아리의 병치하여 남녀의 마음을 빗대어 묘사한 부분은 가히 이 글의 절정이다. 이처럼 작가가 무생물이나 사물을 통해서도 단편적인 편견을 넘어서 생명을 느끼고 전체의 본질을 생각한다면 현실을 응시하는 관점은 달라질 것이다.

그러한 시선은 선암사 달마전 뒤뜰의 수각을 성찰한 〈물의 집〉에서도 명확히 드러난다. 네 개의 돌그릇 중 마지막 그릇이 작고 낮고 투박하며 옆으로 비껴 앉은 것을 두고 화자의 외롭고 힘든 삶을 비추어 보았으며, "조금 비껴 앉는 일도 스님들의 공부법 중 하나"임을 인식하고 스스로 이타심을 지각하게 되는 것이다. 〈다리를 세우다〉에서는 지하도 생활 때의 상다리를 세워 버틴 일화와 삶의 버팀목을 세우는 과정을 진솔하게 펼쳐내었다. 이로써 평범하고 일상적인 것도 작가의 미세한 숨결, 애정 어린 시선, 겸허한 태도가 선입견과 이분법을 여지없이 무너뜨릴 수 있다는 본질 찾기의 예를 보여주었다고 하겠다.

2. 인간에 대한 신뢰의 진폭

현대사회는 그 어느 시대에도 비교될 수 없는 물질적 풍요로움을 누리게 되었다. 하지만 급속도로 번져가는 기계화, 정보화 속에서 물질이 인간의 정신을 지배하는 위기에 이르렀다. 그러다 보니 오늘날

휴머니즘은 분명히 위기에 봉착했다. 인간의 내면적 가치보다는 인간 외적인 가치가 중시되는 물질문명을 우려하면서 문학에서는 인간애를 바탕으로 한 작품들이 주목을 받기 시작한다. 수필 작품 역시 인간을 대상으로 표현한다면 신뢰와 이해가 근간이 돼야 할 것이다. 그것을 김희숙의 작품에서 확인하고자 한다.

그녀의 작품에는 유독 인간 중심의 전개가 많다. 노숙자의 삶에 관심을 둔 〈도시의 스파이크〉와, "살려서 돌아오라, 살아서 돌아오라."라는 명령어를 가슴에 새기고 불구덩이에 뛰어들어야 하는 소방관의 이야기를 담은 〈붉은 땀〉과, 모시송편 떡집의 분주한 삶을 직시한 〈공달이와 순금이〉, 친구 용만의 배려심을 담은 〈소리자루〉, 끈기와 의지력으로 "진정 폼나는 인생"의 그래프를 그리는 상윤 씨의 스토리 〈진짜 폼이 나야 한다〉, 수봉 문영박 선생의 일화 〈누운 석인〉, 진상우 감독에게 보낸 따뜻한 시선 〈또와상회〉, 최민식 사진작가를 다룬 〈그대로의 모습으로〉, 그리고 고향 동창들과의 여행 이야기들을 통해 인간에 대한 지대한 관심과 사랑이 전개된다. 당연히 부모님에 대한 인간관계 회복도 빠질 수 없다.

풀치가 지상으로 오르는 꿈이 아닌 대양을 누비는 꿈을 꾸었더라면 건실한 갈치로 성장했을까. 그의 딸은 여전히 아버지라는 한 인간의 생을 온전히 헤아리진 못한다. 그녀 역시 삶의 파도에 이리저리 흔들리며 겨우 버텨내는 중이다. 그녀는 김 씨가 다른 세상에서는 미완의 꿈을 꾸던 풀치를 넘어 단단한 다리로 일어섰으리라 믿어본다. 김 씨의 역사는 멈추었으나 그의 딸은 스스로 걷는 꿈을 향해 오늘도 한 걸음 한 걸음 내딛는다.

- 〈풀치의 꿈〉 일부

갈치 낚시를 하던 화자는 바닷속을 유영하던 풀치가 뭍으로의 탈출을 꿈꾸는 듯한 환영을 느낀다. 아울러 대열에서 낙오된 풀치로부터 아버지 "김 씨"의 생을 헤아리게 된 것이다. 평생을 미움과 증오심으로 낙인을 찍었던 선친의 기억이 "풀치의 붉은 눈동자"를 통해 "김 씨의 꿈도 영원한 미생으로 주저앉았"음을 이해하고 화해를 시도하게 된다.

누드모델을 제재로 풀어낸 〈몸의 언어〉에서는 프랑스 철학자 메를리 퐁티의 담론을 상기시킨다. 퐁티는 몸에 대해 끊임없이 사색하고 표현함으로써 몸의 언어인 '살' 개념을 도입하였다. 즉, 몸과 정신은 분리될 수 없으며 몸이 곧 존재임을 주장했다. 그러므로 인간의 고유한 몸의 움직임은 내적인 의사소통을 하는 것이므로 김희숙이 누드모델의 몸을 읽어낸 것 또한 퐁티의 '몸말' 의지를 차용한 형태로 나타난다.

따뜻한 온기가 느껴지는 인간의 육체보다 더 아름다운 것이 있
을까. 그 말을 전하려 혼신을 다하고 있다. 혼자서 너른 무대를
채운 그녀의 연출 따라 사진사들의 손놀림이 분주하다. 보조 출연
자가 나신에 물감을 뿌린다. 초록 물을 들이고 붉은 도장을 찍으
니 꽃송이가 무리 지어 피어난다. 만물을 품어 안은 여신마냥 한
그루 꽃나무로 그녀가 우뚝 섰다.

- 〈몸의 언어〉 일부

화자는 〈몸의 언어〉를 서술하면서 "기준을 가지면 구분 짓는다. 다른 것을 틀렸다며 억압하면 폭력이 된다."고 강조한다. 모델의 짧은 머리카락을 두고 관능적이지 않아 여성미를 느낄 수 없다는 관객에게 던지는 비판적 성찰이지만, 따지고 보면 자신에게, 그리고 편협된 세상을 향해 설파하는 날카로운 풍자라고 하겠다. 이로써 진정한 예술이란 인간에 대한 존중과 인간과 인간의 평등한 관계의 기반 위에서 제대로 성립할 수 있음을 확신하게 되는 것이다.

3. 자연에 대한 은유와 적용

인간은 자신이 겪은 모든 경험들의 총체적인 지식을 동원하여 창조적인 존재로 성장해 나간다. 그러한 질서나 균형을 구현하는 중심에는

자연이 은유적으로 표현되고 있다. 문학 탐구 역시 생명과 허무, 죽음과 영원에 대한 질문과 답을 자연에서 파생되는 심상적 이미지의 도입으로 탐구하고 구현해내고자 하였다. 그 점을 근거로 《쪽항아리》에서 응시한 자연적 대상도 섬과 육지, 산과 길, 바다와 개펄, 꽃과 나무 등으로 작가의 의식이 형성된다. 〈한시랑뜰〉에서는 간척지를 통해 외국인 노동자의 관계를 의미축으로 내세웠다.

> 둘러보니 여자들이 엮어 놓은 조기를 손수레로 나르는 이들도 외국인 남자들이다. 이제 이곳도 외국에서 찾아온 일손이 아니면 일이 진행되지 않는다. 그들 역시 간척지의 북돋운 흙처럼 우리에게 새 흙 역할을 하는 사람들이지 않을까. 딴 흙이 옮겨온 땅에 뿌리를 내리듯이 삶을 단단하게 다져 나가고 있는 중이리라.
>
> – 〈한시랑뜰〉 일부

"완전한 육지도 못되고 갯벌의 끝자락도" 아닌 간척지 '한시랑뜰'처럼, 굴비의 고장 영광의 조기 공판장에도 이제 외국인 노동자가 아니면 일이 진행되지 않는다. 그러기에 그들 역시 간척지의 새 흙처럼 "딴 흙이 옮겨온 땅에 뿌리를 내리듯이 삶을 단단하게 다져 나가고 있는 중"이라고 관조하게 된다. 이러한 공존의식은 〈감태와 매생이〉에서도 나타난다. 김 양식장 시절에 잡초같이 천대받던 감태와 매생이가 오늘날 명성이 역전되면서 갯벌에서 함께 살아간다.

늦깎이에게 애정을 표현한 〈꽃의 시간〉에도 주목할 필요가 있다. 빅토리아 연꽃은 백련과 홍련이 지고 난 가을에 뒤늦게 피어난다. 그것도 한밤중에 개화하여 삼 일 만에 져버린다는 귀한 "빅토리아 연꽃 대관식"에 참석하러 화자는 직접 발품을 팔아 연지에 당도한다.

> 연분홍으로 천천히 물들어간다. 워낙 기온이 낮은 탓에 짙은 붉은색은 포기했는지 꽃잎이 지쳐 보인다. 그 시간도 여름의 꽃들보다 더 걸린다며 두 달 동안 큰가시연꽃을 지켜보던 이가 귀띔해 준다. 꽃의 계절을 놓치고 남들보다 뒤늦게 피워 올린 심정이 오죽할까. 우리네 생도 그럴 때가 있다. 다른 사람들보다 앞서가는 이는 항상 주목을 받는다. 그러나 보통의 삶은 제시간에 맞춰 피우기도 버겁다. 개중에는 다른 이들이 지나간 후에야 뒤늦게 시작하는 이들도 있다.
>
> − 〈꽃의 시간〉 일부

연꽃의 늦 개화처럼 세상살이에도 한 박자 타이밍이 느린 사람들이 있다. 천여 번의 세일즈 시도 끝에 창업에 성공한 켄터키 창업자, 환갑을 넘긴 나이에 시니어 모델에 도전한 노신사, 열세 번의 낙방 끝에 가까스로 운전면허증을 손에 넣은 육순의 친정엄마 등. 수많은 실패와 좌절에도 결코 포기하지 않는 끈기의 이미지를 연꽃에 비유해내었다.

물론 그들 옆에 묵묵히 손잡아준 조력자들의 치하도 잊지 않았다.

아울러 〈천지, 열리다〉에서는 천지를 보는 법을 전복시킨다. 먹구름이 사방을 덮은 천지 앞에서 절망하기보다 "온전히 드러낸 모습만 보고 돌아간다면 백두산을 절반밖에 보지 않는 것이리라. 구름과 비바람에 잠긴 풍경까지 보아야 제대로 천지를 보았다고 할 것"이라는 개안을 터득해 냄으로써 자연에 대한 성찰의 총체를 이루어낸다. 이러한 이미지 도입은 불가능한 것에 대한 가능성을 찾고 긍정적 자기 인식을 꿈꾸고자 하는 성실한 작가 정신이 획득한 결과라고 하겠다.

닫으며

오늘날 우리는 새로운 테크놀로지의 시대에 살고 있다. 클릭 한 번만으로 한 아이콘에서 다른 아이콘으로 이동하면서 즉시 시공을 뛰어넘을 수 있다. 그 결과 인간은 존재하지 않는 세계에 대한 상상과 가상 체험도 가능해졌다. 그러나 삶이란 근본적으로 정답이 없으며 끝없이 탐구하고 갱신하여도 만물의 이치를 터득하는 일은 불가능하다. 그럼에도 불구하고 대상을 이해하고 순응하며 본질을 밝혀내는 일, 그것이 진정한 수필작가의 임무이며 역할이다.

이러한 현시대에서 김희숙은 직접 발로 뛰어 소재를 잡고 주제를 생각하여 수필의 그물을 짠다. 본질에 대한 치열한 천착으로 부단한 자기 갱신의 길을 걷는 작가이다. 그 성실한 분투가 사람다운 삶을 살게 하고 또한 작가다운 작품을 쓰게 하므로 마침내 《쪽항아리》라는 첫 수필집을 탄생시켰다. 그 열정이 오롯이 독자에게 전달되길 기대한다.

김희숙 수필집

쪽항아리

인쇄 2022년 4월 15일
발행 2022년 4월 19일

지은이 김희숙
발행인 서정환
발행처 수필과비평사
주소 서울시 종로구 삼일대로 32길 36(익선동 30-6 운현신화타워 빌딩) 305호
전화 (02) 3675-3885 (063) 275-4000 · 0484
팩스 (063) 274-3131
이메일 sina321@hanmail.net essay321@hanmail.net
출판등록 제300-2013-133호
인쇄·제본 신아출판사

저작권자 ⓒ 2022, 김희숙
이 책의 저작권은 저자에게 있습니다. 서면에 의한 저자의 허락없이
내용의 일부를 인용하거나 발췌하는 것을 금합니다.
잘못된 책은 바꿔 드립니다.

ISBN 979-11-5933-395-8 (03810)
값 13,000원